BIBLIOTHÈQUE INTERNATIONALE de DRO[illegible]

Publiée sous la direction de Gaston JÈZE, Professeur à l'Université de Paris

IDÉES ET INSTITUTIONS POLITIQUES AMÉRICAINES

Conférences du Cercle français de l'Université Harvard

FONDATION JAMES HAZEN HYDE

[illegible] Faites aux Universités françaises en 1921 [illegible]

par

James W. GARNER

Professeur de Sciences Politiques à l'Université d'Illinois

PARIS (Ve)

Marcel GIARD & Cie, Libraires-Éditeurs

16, rue Soufflot et 12, rue Toullier

1921

Avec les compliments de

James H. Hyde

18, rue Adolphe Yvon.

Idées et Institutions politiques Américaines

BIBLIOTHÈQUE INTERNATIONALE de DROIT PUBLIC

Publiée sous la direction de Gaston JÈZE, Professeur à l'Université de Paris.

IDÉES ET INSTITUTIONS POLITIQUES AMÉRICAINES

Conférences du Cercle français de l'Université Harvard

FONDATION JAMES HAZEN HYDE

Faites aux Universités Françaises en 1921

par

James W. GARNER

Professeur de Sciences Politiques à l'Université d'Illinois

PARIS (V^e^)

Marcel GIARD & Cie, Libraires-Éditeurs

16, rue Soufflot et 12, rue Toullier

1921

PRÉFACE

J'ai réuni, dans ce petit livre, une série de Conférences que j'ai faites dans un certain nombre d'Universités françaises en 1921, sur l'invitation de M. James Hazen Hyde et de M. Lawrence Lowell, président de l'Université Harvard. Le but de M. Hyde en créant cette fondation a été de développer des relations cordiales entre le peuple de France et celui des Etats-Unis et, en particulier, de resserrer les rapports intellectuels, de jour en jour plus étroits, entre le peuple de nos deux grandes Républiques.

Dans ces Conférences, je me suis efforcé d'exposer, d'une manière élémentaire, quelques-unes des idées et des institutions politiques les plus essentielles et les plus caractéristiques, ainsi que les principes constitutionnels et les conceptions juridiques qui sont en vigueur aujourd'hui aux Etats-Unis. Dans la mesure où le cadre forcément limité dont je disposais me l'a permis, j'ai signalé également les différences qui existent entre les idées et les institutions américaines et les idées et les institutions françaises.

Les Etats-Unis sont, à certains égards, un vaste laboratoire d'expérience politique dans lequel les idées les plus diverses et les plus hardies ont été conçues et mises en pratique. Ce pays a naturellement suscité l'intérêt des savants et des observateurs étrangers, qui ont examiné les résultats, parfois avec une certaine curiosité, parfois avec plus ou moins de scepticisme, mais toujours avec intérêt. De Tocqueville, dans son ouvrage classique *La Démocratie en Amérique*, écrit il y a près d'un siècle, livre qui repose sur des observations personnelles très nombreuses du fonctionnement pratique de la démocratie américaine, a analysé, d'une manière subtile et pénétrante, les institutions politiques; lorsqu'il fit ses voyages en Amérique, il avait, pour la plupart d'entre elles, une profonde sympathie et même de l'admiration. Toutefois, quelques autres soulevaient en lui de graves doutes et il alla jusqu'à prédire qu'elles étaient grosses de danger pour la jeune république. Des prophéties du même genre furent prononcées à la même époque, et même plus tard, par les savants anglais qui étudièrent la démocratie américaine. Fort heureusement, ces pronostics, tout à fait naturels à un moment où l'on considérait encore la démocratie un peu comme une expérience, ne se sont pas réalisés. Le type de démocratie modérée que de Tocqueville a étudié et qu'il a vu fonctionner, bien que le plus avancé que le monde eût vu, n'a pas cessé de se développer dans un sens nouveau et plus démocratique ; des systèmes, des procédés, des institutions inconnues et qu'il ne soupçonnait pas ont été adoptés et fonctionnent aujourd'hui de la façon la plus heureuse. Dans ces dernières années, le vaisseau de l'Etat américain s'est rapidement éloigné de son ancien mouillage et cingle dans la direction d'un type de démocratie direct et pur dans lequel le peuple dépend de moins en moins de ses représentants et remplit lui-même directement des fonctions qu'il exerçait autrefois par leur intermédiaire.

Jusqu'où ira ce mouvement et quels résultats produira-t-il, personne ne peut le prévoir aujourd'hui. Déjà le principe de la démocratie, du *self-government* et du contrôle populaire, ont atteint des limites inconnues dans les autres pays. Depuis le voyage de Tocqueville en Amérique, les fonctions électives se sont multipliées d'une manière extraordinaire, alourdissant dans la même proportion la tâche de l'électeur. Les élections sont devenues plus fréquentes. Le *referendum* comprend maintenant la législation ordinaire au sens large du mot. L'initiative, comme moyen de législation par le peuple, a reçu une large extension. L' « élection primaire », procédé par lequel les partis politiques désignent leurs candidats par vote populaire, a remplacé l'ancien système de présentation par les Conventions de Représentants. La révocation populaire — grâce à laquelle les électeurs peuvent, à tout moment, révoquer un fonctionnaire public — a été adoptée dans beaucoup d'Etats. L'élection des sénateurs fédéraux a été enlevée aux législatures d'Etat et confiée directement au peuple. Enfin, par un amendement à la Constitution fédérale, le suffrage aux élections nationales, d'Etat et municipales, a été accordé aux femmes qui sont aujourd'hui sur un pied d'égalité absolue avec les hommes en ce qui concerne les privilèges politiques.

Grâce à l'adoption de ces mesures démocratiques et d'autres encore, l'Amérique tend de plus en plus, comme je l'ai dit, à devenir une démocratie directe. Dans nul autre pays, l'électeur n'est appelé à exercer des fonctions si nombreuses et si variées. Sous cette forme, la démocratie entraîne pour l'électeur une formidable dépense de temps, d'efforts et même d'argent. Une machine gouvernementale, comme celle des Etats-Unis, ne peut fonctionner qu'à ce prix. Certes, il n'est pas douteux qu'elle entraîne une certaine perte de rendement administratif et peut-être aussi de responsabilité administrative. Mais les Américains estiment que cet inconvénient est plus que compensé par les avantages éducatifs et civiques qui résultent de la large participation du peuple à la direction et au contrôle de ses affaires publiques.

Il est évident que cette théorie de la démocratie ne serait ni prudente ni pratique si l'on n'avait affaire à un peuple très informé des questions politiques et qui s'intéresse profondément aux affaires publiques. Je me permets de dire que les Américains sont un peuple pratique; ils se soumettent de bonne grâce à la règle de la majorité; et les longues années de self-government dont ils ont joui, ainsi qu'une très large participation aux affaires publiques, les ont rendus aptes, à un rare degré, à assumer les lourdes responsabilités que cette forme de démocratie impose au corps électoral. Tant que persistera l'intérêt passionné que les Américains portent à l'instruction, et l'intérêt presque aussi vif qu'ils ont pour la politique, il y a peu de raisons d'appréhender pour l'avenir de la démocratie américaine. Les Américains ont compris depuis longtemps que l'extension de la démocratie doit marcher de pair avec la multiplication des facilités de l'instruction publique, et, en pratique, ils se sont conformés à ce principe essentiel.

En terminant, je tiens à remercier Mlles A. Jèze et M. Jouard pour le concours qu'elles m'ont apporté en traduisant mes conférences en français[1]. Je suis, de plus, très obligé à Mlle Jèze qui a bien voulu relire les épreuves et s'occuper de la publication de cet ouvrage. Je suis aussi très reconnaissant à M. James H. Hyde qui m'a donné l'occasion de faire visite aux

1. La traduction des chapitres a été faite : chapitres I, II, IV, VII par Mlle A. Jèze; chapitres III, V, VII, par Mlle M. Jouard.

Universités de France et d'entrer ainsi en relations personnelles avec tant de savants français, ce qui a été pour moi un rare plaisir et une source d'inspiration professionnelle.

Si l'œuvre méritoire que M. Hyde avait en vue en organisant ces Conférences a été, dans une certaine mesure, favorisée par mes efforts, j'en serai très heureux.

James W. GARNER.

Paris, le 1er juin 1921.

CHAPITRE PREMIER

La Démocratie américaine

La démocratie américaine représente, sur une immense échelle, une expérience de self-government ; elle a réussi au delà de toute espérance, et il semble que le reste du monde, comme poussé par la fatalité, se déplace dans ce sens-là. Telle qu'elle a été réalisée, elle vous offre, à vous l'Ancien Monde, à la fois un encouragement et un avertissement.

Il était inévitable que l'Amérique, à raison des circonstances particulières dans lesquelles elle est née à l'indépendance en tant que nation et de son éloignement géographique de l'Europe, ait produit une civilisation, un ensemble de traditions, une philosophie politique et sociale, ainsi qu'un système de gouvernement, différents, à bien des égards, de ceux de l'Europe. Cela ne veut pas dire qu'ils sont supérieurs à ceux d'Europe ; je veux dire seulement qu'ils s'en écartent sur certains points.

Il y a des Américains qui les croient meilleurs, car l'égoïsme national, l'aveuglement à ses propres faiblesses et la foi en la perfection de ses propres institutions sont des traits nationaux qui ne sont pas l'apanage exclusif des Allemands.

Notre confiance dans la capacité qu'ont les masses de se gouverner elles-mêmes avec sagesse est presque illimitée, et notre croyance en l'infaillibilité de l'opinion publique fait partie de notre credo national. Notre optimisme frise le fatalisme. Il ne manque pas d'Américains qui semblent croire que leur pays est sous la protection spéciale de la Providence et que, d'une manière ou d'une autre, elle nous tirera des conséquences de nos folies, de notre prodigalité et autres péchés par omissions et par actions. Et même, il y en a qui semblent se bercer de la douce illusion que le Tout-Puissant a choisi l'Amérique pour une mission spéciale, pour créer un type élevé de civilisation et pour occuper une place qui n'a été accordée à aucun autre peuple. Lord Bryce, un auteur anglais bien connu, dans son analyse pénétrante mais sympathique de nos vertus et de nos défauts nationaux, a insisté sur ce qu'il caractérise comme « l'attitude fataliste » des Américains, c'est-à-dire, leur douce croyance qu'ils sont prédestinés à la réalisation de ce que les autres nations n'ont pas réussi à faire et que cela se produira en dépit d'eux-mêmes. Cette foi en notre « destinée manifeste », cette conviction que l'Amérique est prédestinée à se développer davantage et à devenir plus grande à tous égards que tout autre pays, a longtemps fait partie de la philospohie politique d'un grand nombre d'Américains.

Si j'essayais d'énumérer les institutions et principes auxquels les Américains ont toujours été attachés et qu'ils ont toujours considérés comme une partie de leur patrimoine national, je serais obligé de placer en tête de la liste la croyance profondément enracinée, presque sacro-sainte, des Américains en la vertu inhérente et en la justice de la démocratie.

La déclaration immortelle qui proclama notre indépendance en tant que nation, affirme le principe que tout gouvernement dérive ses justes pouvoirs du consentement des gouvernés. Ce principe, bien qu'il ne soit pas rigoureusement appliqué dans le gouvernement de nos possessions coloniales et de nos dépendances territoriales, a été constamment suivi et développé dans les régions de l'Union fédérale qui ont été organisées en « Etats ». Tout principe général a des exceptions, et les Américains ont eu la sagesse de comprendre que la doctrine du « consentement des gouvernés » n'était pas et ne pouvait être d'application universelle dans toutes les circonstances et dans tous les cas.

En disant que la foi en la justice et en l'excellence de la démocratie est un principe fondamental de la philosophie politique américaine, je ne veux pas insinuer que c'est un principe exclusivement américain. Il y a longtemps que l'Amérique a cessé d'être la seule patrie de la démocratie ; quelques-uns des Etats d'Europe sont aujourd'hui des démocraties, et leurs peuples nourrissent des idéals démocratiques avec non moins de ferveur que les Américains. Mais on peut dire à juste titre que les Américains ont été les premiers à proclamer leur foi profonde et inébranlable dans ces principes, qu'ils les ont, les premiers, introduits sur une large échelle, qu'ils en ont montré le caractère pratique et ont donné au monde l'exemple concret d'un peuple qui se gouverne absolument par lui-même. Alors que la véritable démocratie était inconnue en pratique partout ailleurs, alors que les hommes d'Etat et les écrivains politiques la traitaient d'utopie et prédisaient qu'elle échouerait si on essayait de l'instaurer, les Américains se lancèrent hardiment dans la

« grande expérience » avec confiance et firent voguer leur barque sur la mer inconnue de la démocratie. Pendant longtemps ils naviguèrent seuls; les autres nations les observaient avec une certaine curiosité, toujours avec doute et scepticisme quant au résultat. Il y a quarante ans encore, des savants anglais, comme Maine et Lecky, prédisaient que l'expérience américaine échouerait finalement parce que démocratie signifiait nécessairement gouvernement de la masse ignorante et que les enseignements de la raison et de l'expérience s'opposaient aux succès d'un gouvernement dans ces conditions. Mais pour sceptique que fût Lecky, il risqua la prophétie que « les destinées futures de la race anglaise étaient nécessairement liées à celles de la puissante république qui était née au delà de l'Atlantique». De même, de Tocqueville, malgré la sympathie qu'il professait pour la démocratie américaine où il trouvait tant à admirer, ne pouvait dissimuler son scepticisme sur le résultat. Pourtant, il eut la vision que la démocratie était destinée, en définitive, à se répandre au delà des frontières de l'Amérique, et il prédit que tous les Etats européens suivraient la même loi de progrès et deviendraient finalement démocratiques. Fort heureusement, nous avons échappé à la plupart des dangers qui semblaient à ses yeux menacer la démocratie américaine, et nombre des vices de la démocratie qu'il croyait inhérents à cette forme de gouvernement ou incurables ne se sont jamais manifestés en réalité ou n'ont eu qu'une existence temporaire. Je suis porté à croire que, dès le début, les Américains ont fait preuve d'une certaine sagesse qui les a sauvés de l'erreur dans laquelle quelques nations sont tombées lorsqu'elles ont adopté les institutions démocratiques. Au lieu d'établir tout d'un coup le suffrage universel et sur une grande échelle, les Américains commencèrent d'une façon modeste ; ils établirent un suffrage universel restreint et l'étendirent peu à peu, au fur et à mesure que la capacité politique du peuple se manifesta. De même, au début, le nombre des fonctions électives était relativement faible ; nulle part, elles ne comprenaient ni les juges des tribunaux, ni aucun fonctionnaire, sauf les principaux fonctionnaires exécutifs. Le referendum fut également employé, tout d'abord, à la ratification des Constitutions et des amendements constitutionnels et non pour les besoins de la législation ordinaire. Les institutions les plus radicales de la démocratie, telles que l'initiative, la révocation populaire des fonctionnaires et la nomination des candidats par les « primaires » sont de date relativement récente. Bref, la démocratie qui fut d'abord établie en Amérique, était d'un type très modéré et d'un caractère conservateur, et elle n'exigeait du corps électoral ni beaucoup de temps ni une grande capacité politique.

Parti de ces modestes commencements, le principe de la démocratie se développa, de sorte que vers 1832, de Tocqueville pouvait dire que l'Amérique était le pays le plus démocratique au monde et elle a gardé cette position jusqu'à nos jours.

Si on compare le système américain de démocratie avec celui de la Grande-Bretagne et de la France, plusieurs autres différences vous frappent. L'une des plus importantes est le nombre extraordinaire des fonctions électives aux Etats-Unis, ou plutôt dans les gouvernements des divers Etats qui composent l'Union ; car le gouvernement national ou fédéral, comme on l'appelle d'ordinaire, n'est pas organisé sur une base démocratique, deux de ses fonctionnaires seulement (le Président et le Vice-Président) étant choisis par vote populaire. Tous les autres sont nommés par le Président ou les chefs des départements exécutifs. Comme je l'ai dit, les fondateurs de la République avaient foi en une forme modérée de démocratie; ils n'étaient pas partisans du principe que tous les emplois doivent être pourvus par l'élection populaire; cette idée se développa plus tard. Le fait que le gouvernement national est beaucoup moins démocratique dans son organisation que le gouvernement d'Etat, a souvent été critiqué comme une « inconséquence » choquante, un peu comme votre système de centralisation a été critiqué par des Français comme incompatible avec votre Constitution démocratique républicaine. A raison surtout de la difficulté avec laquelle la Constitution fédérale peut être amendée, l'organisation antidémocratique primitive du gouvernement fédéral n'a pas été modifiée, sauf que l'élection des sénateurs a été enlevée aux législatures d'Etat en 1913 et confiée au peuple. Pourtant, il ne manque pas d'Américains qui désirent voir les membres du cabinet du Président élus par le peuple, et certains démocrates avancés préconisent l'élection populaire des juges fédéraux et l'emploi du referendum aux besoins de la législation nationale. Les Constitutions des différents Etats étaient plus élastiques, et lorsque la démocratie nouvelle et militante eut la suprématie, elles furent rapidement modifiées et les plus importantes fonctions exécutives et judiciaires devinrent éligibles par le peuple. Le principe de l'élection populaire a atteint de telles limites que le « fardeau du bulletin de vote » est devenu très lourd pour l'électeur américain. Dans quelques-uns des grands Etats, le bulletin de vote pour une élection générale a des proportions énormes et il contient parfois les noms de 500 ou 600 candidats. L'électeur ordinaire se trouve perdu et stupéfait devant une tâche pareille; la grande majorité des noms qui se trouvent sur ce bulletin lui sont inconnus ; dans ces conditions, l'exercice de la fonction électorale ressemble beaucoup à un jeu de hasard. En présence de cette situation, beaucoup d'électeurs votent seulement pour les candidats qu'ils connaissent, mais la masse vote au hasard pour la liste des candidats qui appartiennent au parti dont ils sont membres. La tâche de l'électeur est facilitée par la répartition des noms des candidats en différentes colonnes, en tête desquelles, pour éclairer les électeurs ignorants, se trouve le signe symbolique du parti.

De plus en plus, les Américains qui pensent se rendent compte que les élections, dans ces conditions, ne représentent pas souvent le choix intelligent du corps électoral ; que seuls les « politiciens de profession » peuvent se servir du bulletin de vote de la dimension que j'ai dite et que c'est une perversion de la véritable démocratie que d'essayer d'élire tant de fonctionnaires par vote populaire. Aujourd'hui, dans le pays, une propagande active est menée par une organisation connue sous le nom de « Société du bulletin de vote court » (Short Ballot Society), qui préconise une réduction du nombre des fonctionnaires électifs et une réduction correspondante des dimensions du bulletin de vote. Elle préconise aussi l'élection par le peuple seulement des fonctionnaires qui déterminent la politique, et la nomination par le gouverneur ou tous autres hauts fonctionnaires exécutifs de ceux dont les fonctions sont simplement bureaucratiques ou administratives. Ce mouvement a déjà donné des résultats, et dans quelques Etats on a considérablement réduit le nombre des fonctions électives. Il est inévitable que ce mouvement se généralise. La démocratie véritable n'exige pas l'élection par le peuple des fonctionnaires dont les attributions sont purement administratives ou techniques ; poussée à ces extrémités, elle irait à l'encontre de son propre but. Dans la France démocratique, vous n'élisez que les députés à votre Parlement et vos conseillers départementaux et municipaux, et, par un suffrage restreint, les juges de vos tribunaux de commerce et de vos conseils de prud'hommes.

Il faudrait à un électeur français vivre plusieurs centaines d'années pour avoir l'occasion de voter pour autant de fonctionnaires qu'un électeur américain vote à une seule élection.

Notre démocratie ne se différentie pas seulement de la vôtre par le grand nombre des fonctions électives, mais aussi par la fréquence des élections. La courte durée des mandats faisait partie de la philosophie politique des démocrates avancés — non seulement pour les représentants législatifs et les fonctionnaires exécutifs, mais même pour les juges des tribunaux. Les représentants au Congrès sont élus pour deux ans; dans beaucoup d'Etats, les gouverneurs et les membres des législatures sont élus pour une période aussi courte; et dans quelques Etats de la Nouvelle Angleterre, le mandat n'est que d'une année, car dans cette partie du pays l'ancienne maxime « lorsque les élections annuelles prennent fin la tyrannie commence », a encore cours. Le résultat, c'est que nous avons des élections soit nationales, soit d'Etat, et quelquefois les deux, tous les deux ans, et il faut encore y ajouter une multitude d'élections locales pour divers objets. Il n'y a pour ainsi dire pas de localité américaine dans laquelle les électeurs ne soient appelés chaque année à prendre part à une élection quelconque, et certaines ont été affligées d'au moins dix élections en une seule année.

Si je puis me permettre de critiquer notre conception américaine de la démocratie, je dirai que nous avons commis la faute de croire que la responsabilité et le bon rendement de la masse des fonctionnaires exécutifs sont obtenus par l'élection populaire, au moyen de mandats de courte durée, grâce à la fréquence des élections et au roulement. Mais il n'en est pas ainsi dans les affaires privées et ces principes ne sont pas suivis en pratique dans l'administration des entreprises privées financières et industrielles. En fait, nous avons une double méthode : l'une repose sur le principe éprouvé que la permanence dans le service assure le mieux la responsabilité et le bon rendement : c'est celle que nous appliquons à la conduite des affaires privées; l'autre s'appuie sur le principe erroné que l'on obtient la responsabilité et le bon rendement au moyen de mandats de courte durée et par de fréquents changements : nous l'appliquons à l'administration des affaires publiques. C'est là la principale raison pour laquelle nous n'avons pas obtenu au gouvernement le même succès que dans notre vie industrielle et économique.

La fonction électorale a été largement développée et le fardeau de la politique alourdi, dans ces dernières années, par l'instauration de nouveaux procédés démocratiques, en particulier du système d'élection « primaire » pour la nomination aux fonctions des candidats de parti; de l'initiative, procédure par laquelle le peuple peut rédiger des projets de loi et se prononcer par un vote sur leur adoption, et par le développement extraordinaire du referendum. Aujourd'hui, dans la plupart des Etats qui composent l'Union, chaque parti politique choisit ses candidats aux fonctions, non pas au moyen d'une convention représentative, comme cela se faisait autrefois, mais par une élection populaire appelée « primaire ». Il arrive ainsi que chaque campagne électorale comporte deux luttes longues et coûteuses, chacune suivie d'une élection populaire — une à laquelle les candidats de parti sont choisis, et l'autre qui arrête le choix définitif parmi les candidats ainsi nommés.

Le développement et l'extension du referendum ont encore ajouté à la lourde tâche du bulletin de vote. Employé au début seulement à l'adoption des constitutions et à la ratification des amendements constitutionnels, on l'a graduellement étendu à la législation ordinaire et à la détermination d'une grande variété de questions de politique générale. Quelques constitutions d'Etat exigent qu'on soumette au referendum certains projets de lois votés par la législature, et la plupart l'autorisent sur pétition d'un nombre relativement faible d'électeurs. Il existe également dans les gouvernements locaux où il est fréquemment obligatoire pour les ordonnances municipales impliquant des dépenses financières, la création de dettes, l'organisation de nouvelles entreprises municipales, l'octroi de concessions à des sociétés d'utilité publique et autres. Il est rare aujourd'hui, à une élection d'Etat ou locale, que les électeurs ne soient pas appelés à se prononcer sur un certain nombre de questions qui leur sont soumises par voie de referendum, et il est fréquent que ces questions soient posées au corps électoral à des élections spéciales faites dans ce seul but. Très souvent, le nombre des propositions soumises aux électeurs en une seule fois est si considérable que le bulletin atteint des dimensions énormes ; il est rendu encore plus immense par la nécessité de ménager une place pour les noms de plusieurs centaines de candidats. Ainsi dans l'Etat de Californie, en 1914, 48 propositions de loi ont été soumises au corps électoral sur un seul bulletin ; dans l'Orégon, la même année, 37 propositions ont été soumises aux électeurs, et dans le Colorado 32. Pendant les 20 dernières années, 1.500 amendements constitutionnels et plus de 700 lois ordinaires, sans parler de milliers de mesures locales, ont fait l'objet d'un referendum dans les divers Etats de l'Union. La confusion et la perplexité que la tâche de se prononcer sur une telle multitude de propositions en une seule fois cause à l'électeur, s'accroissent souvent de son ignorance des mesures sur lesquelles il est appelé à légiférer. Il n'est pas rare, en effet, que l'on soumette des propositions ayant un caractère technique et qui sont incomprises d'un nombre très considérable d'électeurs. Dans ces conditions, beaucoup d'électeurs s'abstiennent de voter sur ces questions ou votent contre. Heureusement, dans quelques Etats, des « brochures de publicité », expliquant le but des mesures soumises au referundum et contenant parfois des arguments pour et contre, sont placées avant l'élection, entre les mains des électeurs, pour les éclairer. La valeur éducative de ce procédé constitue l'un des principaux mérites de ce mode de législation et, en même temps, constitue, dans une certaine mesure, une sauvegarde contre le vote inintelligent.

Le principe du referendum est juste et logique dans une démocratie; employé avec certaines réserves et restrictions, quant au nombre et au caractère des propositions auxquelles on l'applique, il n'est pas nécessairement dangereux. Cependant, beaucoup d'Américains estiment qu'il a été poussé trop loin dans certaines régions du pays et qu'il menace de miner le système du gouvernement représentatif. Heureusement, les résultats n'ont pas été aussi mauvais qu'on aurait pu s'y attendre; parfois, les résultats ont été regrettables, mais, dans l'ensemble, les cas de ce genre n'ont pas été nombreux. Avec un corps électoral très versé dans les affaires politiques, très au courant des questions publiques, jouissant, depuis de longues années, du self-government et portant un intérêt intense à la politique, les Américains ont, en général, employé le referendum avec prudence et sagacité : il est rare que la législation adoptée ait été extrême, radicale ou malavisée. La vérité, c'est que les Américains sont beaucoup plus conservateurs que les Européens ne le croient généralement. A un plus haut degré que le peuple d'aucun autre pays peut-être, ils possèdent des biens et, dans une large mesure, des propriétés immobilières. C'est pourquoi ils sont naturellement opposés à une législation radicale qui compromettrait la valeur de leurs biens ou entraînerait une lourde augmentation des impôts. Ils aiment bien faire des expériences en matière de gouvernement, mais ils sont peu disposés à renverser les institutions établies ou à bouleverser l'ordre existant.

Il ressort des observations qui précèdent que la conception américaine de la démocratie est fondée sur une foi presque illimitée en la capacité politique du peuple : la croyance que les masses sont tout à fait compétentes pour choisir leurs centaines de fonctionnaires, exécutifs et judiciaires aussi bien que législatifs, qu'elles sont parfaitement capables de résoudre toutes les questions importantes de politique administrative, de juger d'une manière intelligente les propositions législatives et même de légiférer directement elles-mêmes. Manifestement, cette théorie de la démocratie s'effondrerait si elle était mise en pratique par un peuple qui ne posséderait à un degré très élevé le sens et l'habileté politiques. Permettez-moi de dire que les Américains possèdent en fait cette intelligence et cette capacité. Cela vient d'un système d'enseignement public très développé qui met à la disposition de chaque citoyen les bienfaits de l'instruction ; de l'existence d'une presse largement répandue et lue avec vif intérêt par toutes les classes ; d'une participation de longue date et d'une manière large, des masses aux affaires ; de l'intérêt passionné et intense du peuple pour la politique. Bien des observateurs étrangers ont insisté sur ce fait. De Tocqueville, à son époque, fut impressionné par les preuves qu'il en observa. L'auteur anglais Bagehot a remarqué que c'était la disposition naturelle des Américains pour la politique et leur respect des lois qui ont empêché la démocratie américaine de « mal tourner » ; et le vicomte Bryce, a fait aux Américains le compliment de dire qu'ils ont « une aptitude pratique pour la politique, une netteté de vue et une puissance de self-control qui n'ont jamais été égalées par aucune autre nation ». L'appréciation flatteuse de Lord Bryce n'est peut-être pas tout à fait méritée — la modestie m'empêche de réclamer pour mes compatriotes une vertu si rare — et pourtant, je suis tenté de dire avec Bagehot que c'est la disposition naturelle des Américains pour le self-government qui a rendu possible le succès de la démocratie sous la forme extrême où elle existe aujourd'hui. C'est assurément ce qui nous a sauvés des dangers qui, autrement, auraient fait échouer depuis longtemps le vaisseau de l'Etat.

Il n'est pas douteux que la démocratie américaine, comme toute autre démocratie organisée d'après le principe de la capacité des masses à se gouverner elles-mêmes, implique nécessairement un certain sacrifice de rendement, d'économie et même de responsabilité. Une démocratie hostile aux mandats de longue durée et qui croit au principe du roulement, n'envisage évidemment pas avec faveur le service professionnellement expérimenté qui résulte de la permanence des mandats. Pourtant, les experts sont aussi nécessaires dans une démocratie que partout ailleurs et cependant on a en Amérique, une tendance à considérer le gouvernement par des professionnels comme empreint d'un esprit bureaucratique. La plupart des Américains sont tout prêts à admettre que leur système de mandats de courte durée, de roulement, d'absence de connaissances professionnelles pour l'éligibilité au service public, et une large participation du peuple à la conduite pratique du gouvernement, a nécessairement amené une certaine perte d'habileté et de bon rendement. Ils reconnaissent, par exemple, qu'au point de vue du bon rendement administratif, la bureaucratie prussienne, avec son corps de fonctionnaires bien disciplinés, expérimentés, irresponsables envers le peuple, est supérieure à notre système de gouvernement « populaire ». Mais ils ne considèrent pas que le bon rendement administratif soit la seule, ou même la principale preuve de bon gouvernement; pour eux, le gouvernement n'est pas uniquement une machine, mais ce doit être une espèce d'école éducative du citoyen. Ils insistent sur la valeur éducative de la participation du peuple au gouvernement, la stimulation de l'intérêt populaire aux affaires publiques et le développement de l'amour et du loyalisme envers le pays, qui résultent forcément du fait que le peuple prend une large part au gouvernement. Ils croient que ces avantages seraient sacrifiés dans un système bureaucratique tel que celui de la Prusse.

Si je puis me permettre de critiquer encore le système américain de démocratie, je dirai qu'il s'occupe de trop de choses; il descend dans trop de détails que, à raison de leur nombre et de leur diversité, le corps électoral n'est pas capable de régler avec intelligence et compétence. Nous élisons plus de fonctionnaires — surtout de petits fonctionnaires locaux — que le corps électoral n'est toujours capable de le faire avec sagesse. A mon avis, on obtiendrait de meilleurs résultats, si la tâche de l'électeur était limitée au choix des fonctionnaires les plus importants qui ont pour mission de déterminer la politique générale.

De même, comme je l'ai dit, nous avons trop d'élections

en Amérique, trop de campagnes politiques avec leurs influences néfastes et souvent démoralisatrices; trop d'occasions où le corps électoral est sollicité de consacrer son temps, son intelligence et son argent à la politique. S'il était possible de calculer la dépense en argent, temps, efforts et pertes provenant de la démoralisation et du trouble apportés aux affaires, que cause le fonctionnement de notre lourde et dispendieuse machine démocratique, je crois que beaucoup d'Américains en seraient surpris et effrayés. Il n'y a pas de moyen d'évaluer avec exactitude les frais d'une élection présidentielle aux Etats-Unis, mais on serait certainement au-dessous de la vérité en disant que, du commencement à la fin, la dépense totale en argent, temps et efforts, s'est élevée pour le peuple américain pendant la récente élection présidentielle à au moins 20 millions de dollars. En France, cela ne coûte rien ou peu de chose d'élire votre Président et, apparemment, les résultats que vous obtenez sont aussi bons que les nôtres.

Des frais si formidables ne peuvent être supportés que par un pays riche. Les Américains aiment le jeu de la politique comme ils aiment le base-ball. C'est le grand sport national auquel chacun porte le plus vif intérêt. Ils donnent leur argent aux trésors des partis aussi généreusement et avec la même satisfaction qu'ils le donnent à l'Eglise ou aux œuvres charitables. Les délégués aux Conventions de parti supportent allègrement la dépense d'un voyage à travers le continent et acceptent de vivre pendant des semaines dans des hôtels coûteux uniquement pour servir leur parti ou leurs favoris politiques et pour le plaisir que leur procure la participation au jeu.

Je ne voudrais pas, néanmoins, que l'on croie que les immenses sommes d'argent, ou même que la plus grande partie des fonds ainsi dépensés est consacrée à des fins illégitimes ou malhonnêtes. Au contraire, je suis persuadé que seulement une partie relativement faible est employée aujourd'hui à des objets à proprement parler immoraux ou illégaux. La masse est affectée à la publication et à la distribution de tracts, à la location de salles de réunion publique, à la rétribution des orateurs et des agents électoraux, à l'organisation et à l'entretien de clubs politiques, et autres dépenses de cet ordre. En réalité, des dépenses considérables ont été provoquées par l'adoption des lois sur les « primaires », d'après lesquelles les candidats sont choisis par le vote direct du peuple. Là où ces lois sont en vigueur — et elles le sont dans la plupart des Etats, — les candidats sont tenus d'entrer en contact direct avec les électeurs et de s'adresser directement à eux. Ceux qui ont la chance d'être nommés par leur parti sont alors obligés, comme je l'ai dit, de mener une deuxième campagne qui précède l'élection finale. Cette obligation pèse nécessairement d'un grand poids sur la bourse du candidat, exige de lui un gros effort et beaucoup de temps. Dans un grand Etat comme l'Illinois ou New-York, il faut des mois pour en visiter toutes les régions et la dépense est considérable; pour les candidats à la présidence, dont le champ d'activité est le pays tout entier, les frais sont évidemment encore plus lourds.

Ce système donne au riche un certain avantage sur le pauvre qui est peut-être le candidat le plus digne. En un certain sens, ce n'est pas conforme aux idéals et aux meilleures traditions de la démocratie et cela tend à créer à l'étranger l'impression — dénuée de fondement en réalité — que les hauts emplois aux Etats-Unis peuvent s'acheter avec de l'argent.

Mais heureusement, la dépense de temps, d'argent et de peine n'est pas complètement perdue. Les campagnes politiques et les élections ont une certaine valeur éducative; la participation du peuple à la politique éveille et stimule l'intérêt dans les affaires publiques; elle tend à faire de la démocratie une école de civisme; elle développe parmi le peuple un intérêt et un attachement à son gouvernement qui manquent aux peuples qui ne prennent pas part à la direction de leurs affaires politiques. Elle a contribué à développer chez les Américains une habileté politique extraordinaire et les a mis en mesure de faire fonctionner une machine politique lourde et massive qu'un peuple ayant une moins grande aptitude politique n'aurait jamais pu réussir à faire marcher. Les Américains croient, à tort ou à raison, que malgré les frais considérables qu'entraînent nos méthodes démocratiques, les lourds sacrifices et les charges qu'elles imposent, les avantages qui en résultent, au point de vue éducatif, civique et politique, contrebalancent les dépenses et la perte d'efficacité.

Poussant plus loin mon analyse de la démocratie américaine, je ferai remarquer que les Américains sont profondément attachés au principe du gouvernement par la majorité. L'empressement avec lequel ils acceptent le verdict de la majorité et se soumettent à sa volonté est un trait qui a souvent frappé les étrangers qui étudient notre démocratie. Les Américains mènent de longues campagnes électorales, âprement disputées, parfois pleines de colère et de passion; ils attaquent leurs adversaires comme une armée assaille l'ennemi, mais quand l'élection est faite, le parti battu accepte sa défaite avec bonne humeur et se soumet de bonne grâce à la volonté des vainqueurs. C'est là un des premiers devoirs qu'on enseigne au citoyen américain: la soumission à la volonté de la majorité est pour lui une habitude ; il sait que c'est la pierre angulaire du gouvernement populaire.

Toutefois, c'est un principe fondamental de la démocratie américaine que la minorité a des droits que la majorité est tenue de respecter et je crois pouvoir dire, en toute assurance, que nulle part ailleurs ces droits ne sont mieux sauvegardés et protégés par la Constitution. De Tocqueville avait vu, en la possible « tyrannie de la majorité », le vice capital de la démocratie américaine. « Si jamais les libres institutions de la démocratie sont détruites, disait-il, cela tiendra au pouvoir illimité de la majorité. » Mais cette prophétie, comme les autres, ne s'est pas encore réalisée et ne semble pas devoir se produire. En fait, les majorités américaines ne semblent pas disposées à tyranniser les minorités. A raison du grand nombre de citoyens riches dans le pays, l'Amérique offre un champ particulièrement tentant pour l'exploitation du riche au moyen d'un régime fiscal écrasant, mais jusqu'ici rien de semblable n'a été entrepris. Le droit de propriété est sacré en quelque sorte en Amérique et peut-être mieux protégé que partout ailleurs par la Constitution, contre les atteintes de la majorité.

A un seul point de vue, peut-être, pourrait-on dire que la majorité n'a pas respecté les droits de la minorité. Je veux parler de l'attitude du public à l'égard de la consommation et de la vente des boissons alcooliques. On a souvent voté des lois prohibant l'ouverture des cafés le dimanche et même interdisant absolument, à toute époque, la vente des boissons alcooliques, alors qu'une grosse majorité des habitants de certaines villes ainsi visées était hostile à ces lois. Dans certains cas, les autorités municipales qui, dans notre système extrêmement décentralisé, sont chargées de l'application de ces lois, refusèrent de les exécuter en tout ou en partie, pour le motif que la législature, même lorsqu'elle exprime la volonté manifeste de la majorité de la population de l'Etat, n'a pas, moralement, le droit d'imposer son idéal de moralité aux localités qui ne les partagent pas.

Mais quel que soit l'avis de chacun sur la justice ou l'opportunité des lois contre les boissons alcooliques, on ne saurait soutenir que cette législation viole les droits de la minorité, non plus que les lois contre le jeu, la polygamie, les combats de boxe et autres pratiques considérées immorales ou contraires aux intérêts supérieurs de l'État. La notion du bien ou du mal, de ce qui est bon ou mauvais pour l'Etat, doit être déterminée par la majorité ; aucune communauté ne peut être autorisée à déterminer ces choses elle-même. La conception américaine du self-government — aussi extrême qu'elle soit — ne va pas jusque là. Sur ces questions, la minorité n'a pas de droits inaliénables que la majorité est tenue de respecter. A tort ou à raison, c'est l'opinion américaine et elle a été inscrite dans la Constitution fédérale par l'adoption d'un amendement qui rend le pays tout entier « sec » à jamais.

Est-il besoin de dire que la démocratie américaine est fondée sur la foi profonde, quasi-religieuse, en les deux vertus jumelles, la liberté et l'égalité ? L'Amérique est l'exemple d'une république qui a fait de la liberté l'une de ses fins principales, sinon la principale. Il y a peu de pays, si même il en existe, où le domaine de la liberté soit aussi vaste et où il soit plus efficacement sauvegardé et protégé par des barrières constitutionnelles. L'Amérique, comme pays de la liberté et de l'égalité, est ce qui frappe le plus l'étranger lorsqu'il débarque ; c'est ce fait, autant que toute autre chose, qui a attiré des millions d'individus de tous les pays sur nos rives et fait de l'Amérique le creuset des nations. Liberté de parole, de réunion, d'association, de presse, de religion, d'enseignement, liberté économique et liberté de contracter, existent à un degré presque inconnu dans les autres pays. Même le préjugé traditionnel contre la réglementation de l'industrie par l'État est si fort que l'Amérique retarde peut-être, sur les nations plus avancées au point de vue du progrès social et économique. La démocratie américaine a été, jusqu'à une date récente tout au moins, extrêmement individualiste; elle nourrissait un sentiment d'horreur contre tout ce qui ressemblait au paternalisme. La législation qui réglemente la liberté de contracter, la liberté économique, les intérêts acquis ou les droits sacrés de la propriété, était considérée avec défaveur, comme un empiètement sur le domaine propre de la liberté individuelle.

Pourtant, les Américains n'ont pas hésité, comme je l'ai dit, à voter des lois contre la boisson et les autres vices sociaux, lorsque cette législation devait avoir pour effet d'agir sur un grand domaine de liberté « personnelle ». Toutefois, ceux qui sont responsables de cette législation ou qui la préconisent, ne considèrent pas que la véritable liberté comporte le droit de se livrer à une entreprise ou à des pratiques qui ont pour effet de créer un vice social reconnu. C'est pourquoi cette législation n'a pas été jugée incompatible avec la conception américaine traditionnelle de la liberté. Il y a aussi toute une législation contre certaines formes de récréation qui sont considérées comme des distractions innocentes, surtout le dimanche, et qui a été dénoncée par un grand nombre de personnes comme une entrave injustifiable à leur liberté. A cet égard, la conception américaine de la liberté diffère de celle qui prévaut en Europe généralement; elle est plus étroite et moins libérale, bien que, naturellement, les Américains qui s'en font les défenseurs la croient la meilleure et la plus défendable au nom de la morale.

La conception américaine de la liberté diffère à un autre point de vue de celle de certains autres pays, de l'Allemagne par exemple. La liberté, en Amérique, embrasse les droits et privilèges politiques, y compris le droit de self-government local, et non pas seulement l'immunité de l'ingérence de l'Etat. Pour un Américain, un régime de liberté qui ne comprend pas le droit de self-government et un large droit de participation au gouvernement n'est pas digne de ce nom. Pour lui, en d'autres termes, liberté et démocratie sont inséparables.

Enfin, la liberté américaine diffère, comme je l'ai dit, de celle de la plupart des autres pays, en ce qu'elle a été « constitutionnalisée ». Les constitutions américaines sont des instruments de liberté en même temps que de gouvernement. Par la déclaration des droits, qui est une partie intégrale de toute constitution, et à raison des nombreuses limitations qu'elle impose aux autorités législatives et exécutives, elle crée une sphère définie de liberté pour l'individu sur laquelle le gouvernement ne peut légalement empiéter. C'est pourquoi le domaine de la liberté est non seulement plus vaste à beaucoup d'égards que dans les autres pays, mais il est généralement mieux garanti et protégé par les sauvegardes constitutionnelles.

Les Américains sont plus profondément attachés encore au principe d'égalité. Il a été affirmé dans la Déclaration d'indépendance, il est proclamé dans beaucoup de constitutions d'Etat, et tout notre système juridique et de gouvernement repose sur lui. Lord Bryce a fait aux Américains le compliment de dire qu'ils jouissent de la plus grande liberté au monde, parce qu'elle s'allie à l'égalité. C'était le grand thème de Tocqueville qui voyait dans l'Amérique la terre classique de l'égalité. Dans certains pays d'Europe, il y a toujours eu, et il y a encore, une classe dirigeante, une classe d'individus que la naissance, la fortune ou l'éducation ont élevés au-dessus de leurs semblables, qui forment l'opinion publique et qui occupent les situations les plus importantes dans le gouvernement. Cette classe n'existe pas aujourd'hui en Amérique, si elle a jamais existé. L'Amérique n'a jamais connu une aristocratie au sens anglais ou allemand du mot; des barrières artificielles ne séparent pas une partie de la population de l'autre; le plus pauvre ou le plus humble des citoyens peut aspirer à tout poste ou tout honneur dont dispose la nation et, en fait, il peut y atteindre s'il possède de l'intelligence et du caractère, comme le prouve la carrière extraordinaire d'Abraham Lincoln.

Pourtant, j'ai à peine besoin de le dire, la conception américaine de l'égalité, comme la vôtre, ne concerne que l'égalité des droits et privilèges juridiques et politiques. Les Américains savent très bien que tous les hommes ne sont pas égaux intellectuellement ou moralement. Le savant anglais, Sir Henry Maine, dans sa critique de la démocratie en général et de la démocratie américaine en particulier, se plaint qu'elle n'ait pas produit l'égalité mais l'inégalité, car, déclarait-il, nulle part ailleurs au monde on ne trouve de tels extrêmes de richesse et de pauvreté. C'est peut-être vrai, mais l'accusation portée contre la démocratie n'est pas juste. Même si elle était désirable, l'égalité de fortune ne peut être réalisée par aucune forme de gouvernement sans ôter à l'individu le droit aux fruits de son propre travail et de son activité et le donner aux autres.

Les Américains ne croient pas en la législation pour empêcher un homme de posséder plus de biens ou d'acquérir plus de richesse qu'un autre. Ils détestent la misérable philosophie bolcheviste qui tend à réduire la société au niveau du prolétariat. Ils savent que l'égalité doit se concilier avec la liberté et que toute tentative pour rendre les hommes égaux à tous égards aurait pour effet de détruire la liberté. Votre M. Faguet a remarqué que «liberté et égalité sont donc contradictoires et exclusives l'une et l'autre; mais la fraternité non seulement concilierait la liberté et l'égalité, mais elle les ferait génératrices l'une de l'autre ». L'esprit de liberté est, je suis sûr, aussi fort en Amérique que l'esprit d'égalité. Nous croyons avec vous que ces deux vertus vont ensemble et sont inséparables.

Une des gloires de la démocratie américaine c'est que, jusqu'à ce jour, notre pays a heureusement échappé aux luttes de classes et des dissensions qui ont affligé certains pays européens. Peut-être avons-nous eu plus de grèves ouvrières que la plupart des autres pays, mais elles n'ont pas dégénéré en de dangereuses guerres civiles. Il n'y a pas, en Amérique, de prolétariat au sens propre du mot; il n'y a même pas de parti ouvrier suffisamment important pour mériter ce nom; le socialisme lui-même a fait peu de progrès parce que la situation économique des classes laborieuses est sans doute meilleure que partout ailleurs; en effet, les classes ouvrières reçoivent des salaires extraordinairement élevés et la majorité des ouvriers possèdent leur maison; en outre, la plupart des droits politiques que réclament les socialistes des autres pays, sont déjà possédés par les ouvriers américains. Il y a donc peu de raison d'être pour un parti de ce genre. Le principal obstacle que nous avons rencontré au fonctionnement de notre machine extrêmement démocratique est peut-être la présence de millions d'étrangers, dont beaucoup sont des ouvriers venus de l'Europe méridionale. En réalité, l'Amérique est un gigantesque creuset, une immense cornue dans laquelle le trop plein de tous les pays s'est déversé et où il doit être fondu et américanisé, si le pays doit rester américain. Inaccoutumés au self-government, ignorants de la langue anglaise, étrangers aux institutions américaines et nourrissant fréquemment l'illusion que la liberté de l'Amérique est un autre nom pour la licence, ils ont créé le plus grand problème, à certains égards, que la démocratie ait à régler. Puisant surtout leur connaissance des institutions américaines dans des journaux publiés en langues étrangères, égarés par les enseignements subversifs de dangereux agitateurs qui s'efforcent de les persuader que le gouvernement américain ne vaut pas mieux que celui du Tsar, que les lois du pays sont faites par les ennemis des classes laborieuses, que les patrons américains sont des voleurs et des exploiteurs, etc., il n'est pas surprenant qu'une partie importante de notre population étrangère soit extrémiste et révolutionnaire, hostile à nos institutions et ennemie même de l'ordre social, économique et politique qui règne actuellement. Aujourd'hui, les Américains se rendent parfaitement compte de la nécessité d'une politique d'américanisation intensive, complète, générale, au moyen de l'instruction, grâce à laquelle ces peuples seront assimilés, convertis en bons citoyens et s'attacheront aux institutions américaines. Les gouvernements national et locaux, ainsi que beaucoup de groupements civiques, éducatifs et commerciaux, ont récemment pris des mesures en vue de la réalisation de cette tâche nécessaire et importante. A part ce nuage à l'horizon — nuage qui peut être écarté par une vigoureuse politique d'américanisation — la démocratie américaine ne me semble pas menacée d'un danger particulier qui risque de miner ses fondations ou d'ébranler sa superstructure. Les maux que Maine, Lecky, de Tocqueville et les autres critiques étrangers prévoyaient autrefois et que Maine, en particulier, prophétisait qu'ils amèneraient, en fin de compte, la faillite de la démocratie américaine, n'ont heureusement pas été graves; quelques-uns, en réalité, ne se sont jamais produits. D'autres vices qu'ils ne prévoyaient pas sont apparus, et d'autres encore surgiront probablement, mais il n'y a rien à l'horizon qui doivent nous porter à désespérer de l'avenir. La seule condition qui semble essentielle au succès durable et à l'existence de la démocratie américaine, c'est d'avoir des citoyens intelligents, actifs et instruits. C'est la bonne fortune de l'Amérique de posséder ceux-ci, la meilleure des ressources nationales, et l'intérêt intense que le peuple américain porte à l'instruction publique — intérêt qui frise la passion — justifie la conviction que si notre démocratie doit jamais disparaître, comme d'autres ont autrefois disparu, ce ne sera pas par ignorance ou incapacité.

CHAPITRE II

La Constitution des Etats-Unis

L'éminent savant anglais, Sir Henry Maine, a dit dans son livre sur le « Gouvernement populaire » que la Constitution des Etats-Unis « est de beaucoup l'instrument politique le plus important des temps modernes ». On attribue à Mr. Gladstone un jugement encore plus élogieux. Il a dit : « Pour autant que je puisse en juger, la Constitution des Etats-Unis est l'œuvre la plus parfaite qui, à aucune époque, soit issue du cerveau et de la volonté de l'homme». Un autre Anglais, Lord Bryce, qui a écrit le traité le plus remarquable qui ait paru sur le système américain de gouvernement — un traité qui repose sur de longues années d'études laborieuses et d'observation personnelle — a exprimé l'opinion que « la Constitution des Etats-Unis occupe le premier rang parmi toutes les autres constitutions écrites pour l'excellence intrinsèque de son plan, son adaptation aux circonstances, la simplicité, la brièveté et la précision de sa langue et son judicieux mélange de rigueur dans le principe et d'élasticité dans les détails. »

Que ces opinions flatteuses d'étrangers éminents soient en tout ou en partie réellement méritées, je n'ai pas à le rechercher. Toutefois, je puis, sans m'exposer à être accusé de manquer de modestie, rappeler que c'est la première Constitution écrite qui ait créé un système fédéral de gouvernement sur une grande échelle; que, bien qu'à l'origine elle fût destinée à une communauté de moins de quatre millions d'individus, elle a été également adaptable à un vaste Empire comprenant d'immenses possessions au delà des mers et embrassant une population de plus de cent millions d'âmes; qu'elle a essuyé la tempête d'une grande guerre civile; que le succès de son fonctionnement pratique a dépassé les plus hautes espérances de ses auteurs et qu'elle donne toute assurance de durer indéfiniment.

C'est aujourd'hui de beaucoup la plus ancienne constitution écrite en existence — elle est dans sa cent trente et unième année — et il est remarquable que le système de gouvernement qu'elle a créait subi si peu de changements dans sa structure pendant cette longue période — aucun en fait jusqu'à une date toute récente. On l'a souvent critiquée, — les Américains eux-mêmes, — comme une Constitution antidémocratique, parce qu'elle ne donne pas au peuple le droit de choisir un quelconque de ses centaines de mille de fonctionnaires fédéraux, à l'exception du Président et du Vice-Président (et, même pour ceux-là, la Constitution prévoit seulement un mode indirect d'élection); parce que les vastes pouvoirs qu'elle confère au Président, avec l'absence de disposition relative à sa révocation au cas où il abuserait de ces pouvoirs, donne à la fonction un caractère monarchique incompatible avec le principe de la démocratie-

moderne ; parce qu'elle ne contient aucune disposition relative à un referendum populaire sur la politique ou les lois nationales ; et parce que la procédure prévue pour son propre amendement est si compliquée et si rigide qu'il est extrêmement difficile à la nation de mettre en vigueur une politique nouvelle pour laquelle le corps électoral peut avoir exprimé un désir, si l'adoption de cette politique nécessite une modification de la Constitution.

Il faut admettre que jugée d'après les principes de la démocratie sur lesquels sont organisés les gouvernements des Etats individuels et d'après la conception générale de la démocratie qui prévaut aujourd'hui en Amérique, la Constitution fédérale n'est pas à la hauteur des idéals de la démocratie. Ce paradoxe apparent d'un gouvernement fédéral antidémocratique coexistant avec des gouvernements d'Etat et locaux extrêmement démocratiques ressemble un peu au paradoxe de votre système français de centralisation avec une Constitution politique démocratique. Cette situation anormale en Amérique s'explique de la manière suivante. La Constitution fédérale a été élaborée à une époque où la conception de la démocratie qui a prévalu par la suite était inconnue, et elle a été rédigée par un groupe d'hommes qui éprouvaient à l'égard de la démocratie une certaine méfiance et une certaine crainte. Un auteur américain très respecté est même allé jusqu'à dire qu'ils ne se proposaient pas de permettre au peuple de contrôler le gouvernement, mais de permettre au gouvernement de contrôler le peuple. Comme Thiers en 1873 qui préconisait pour la France une république, mais seulement une république « conservatrice », les auteurs de la Constitution fédérale américaine croyaient en la démocratie, mais en une démocratie d'un type modéré et conservateur. On remarquera aussi que les délégués qui rédigèrent la Constitution ne furent pas choisis parle peuple et que la rédaction définitive ne lui fut pas soumise par voie de referendum à fin de ratification. En refusant de soumettre la Constitution à un plébiscite, comme vos Napoléons avaient l'habitude de le faire, ils adoptèrent la procédure que votre Assemblée Nationale suivit en 1875, avec cette différence qu'ils soumirent à fin d'approbation la Constitution aux conventions populairement élues dans les divers Etats, de sorte qu'en réalité le peuple eut une voix indirecte dans la question de son acceptation. Toutefois, il y a de bonnes raisons de croire que si la Constitution avait été soumise directement au vote du peuple dans tout le pays, le même jour, elle eût été rejetée, si nombreuses étaient les objections populaires contre elle et si forte la crainte que les Etats individuels, en entrant dans l'Union, abandonnassent leur autonomie et leur liberté. John Adams, l'un des fondateurs de la République et son second Président, énonça probablement la vérité lorsqu'il dit que la Constitution fut « extorquée par une pressante nécessité à un peuple hésitant ».

Les constitutions originales des Etats individuels, toutes plus anciennes que la Constitution fédérale, étaient, comme elle, également antidémocratiques. D'après ces constitutions, le suffrage était très limité, étant réservé dans l'ensemble à la classe possédante; elles prévoyaient l'élection par le peuple de quelques fonctionnaires seulement et, dans la plupart des Etats, les conditions d'éligibilité aux fonctions étaient même encore plus strictes que celles de l'exercice du suffrage. Mais entre 1820 et 1840, avec la naissance de la nouvelle démocratie militante, les Constitutions d'Etat furent rapidement amendées afin de les mettre en harmonie avec la conception nouvelle et plus radicale de la démocratie. En fait, elles furent peu à peu remplacées l'une après l'autre par de nouvelles Constitutions plus démocratiques et cette transformation s'est poursuivie de génération en génération, chaque Constitution devenant plus démocratique que la précédente.

Mais la Constitution fédérale ne subit pas cette démocratisation. Quelques amendements, il est vrai, furent apportés ; mais ce n'est qu'en 1913, lorsqu'on adopta l'élection populaire des sénateurs aux Etats-Unis, que l'on amenda la Constitution, en vue de « démocratiser » une clause de la constitution. Et, en dehors du récent amendement conférant le droit de suffrage aux femmes, aucune altération ayant en vue une nouvelle démocratisation de la Constitution ne s'est produite depuis cette époque. En Amérique, nous avons, par conséquent, deux types de politique démocratique :

1º Celui qui est à la base de l'organisation et de l'administration du gouvernement fédéral ;

2º Celui qui est appliqué à l'organisation et à l'administration des gouvernements d'Etat et locaux ; l'un, représente la vieille conception conservatrice du XVIIIe siècle ; l'autre, l'esprit très avancé du XXe siècle.

La principale explication de cette situation singulière réside dans le caractère plus rigide de la Constitution fédérale par rapport aux constitutions d'Etat. Ceux qui croient au principe de la démocratie avancée pour l'organisation des gouvernements d'Etat et locaux estiment, naturellement, qu'il est également désirable pour le gouvernement national ; on peut dire qu'ils constituent la majorité de la population totale du pays, mais une majorité du peuple ne peut pas amender la constitution fédérale. C'est pourquoi la question de conférer au gouvernement national des pouvoirs supplémentaires — mesure préconisée aujourd'hui par beaucoup d'Américains — pourrait, par exemple, faire l'objet principal, d'une campagne électorale présidentielle et une grosse majorité des électeurs pourraient voter en faveur de la modification ; mais ils ne pourraient la réaliser parce que cela nécessiterait un amendement de la Constitution. L'amendement de la Constitution nécessite un vote affirmatif des deux tiers des deux chambres du Congrès et la ratification des législatures des trois quarts des Etats. Il résulte de cette disposition extrêmement rigide qu'une faible minorité des Etats peut empêcher la ratification d'un amendement. Il se pourrait, par exemple, qu'un groupe de petits Etats représentant dans l'ensemble le cinquième de la population totale du pays, mît en échec la volonté des quatre autres cinquièmes.

Cette disposition fait de la constitution des Etats-Unis l'un des plus inflexibles et des plus rigides instruments politiques du monde. Il est impossible de la modifier, à moins que l'opinion publique soit si favorable à une mesure extraordinaire qu'elle rencontre peu d'opposition. Le professeur Dicey, un savant anglais bien connu, remarquait, il y a quelques années, que « le souverain des Etats-Unis ne s'est réveillé qu'une fois en 90 ans. Il a fallu le tonnerre de la guerre civile pour troubler son repos et il est douteux que rien de moins que la menace d'une révolution l'incite jamais à l'activité ». A l'époque où le professeur Dicey disait cela, c'était exact. Les dix premiers amendements adoptés en 1790, n'étaient pas, à proprement parler, des modifications à la Constitution, mais plutôt des additions, destinées à fournir certaines sauvegardes qui n'existaient pas dans le document original. Ils constituaient, en réalité, une sorte de supplément à la Constitution originale. En 1798, on adopta un autre amendement pour remédier à une situation embarrassante provoquée par un arrêt de la Cour suprême, d'après laquelle un individu pouvait introduire une action en justice contre un Etat — décision qui portait un coup à l'idée de souveraineté de l'Etat qui prévalait alors. En 1804, suivit un autre amendement de peu d'importance relatif à l'élection du Président. La Constitution ne subit aucune autre modification jusqu'à la fin de la guerre civile, lorsque trois amendements furent adoptés coup sur coup en vue de rendre constitutionnels certains des grands résultats de la guerre. Il s'écoula alors une période de 40 années pendant laquelle le souverain américain dormit d'un sommeil paisible. En 1909, il fut à nouveau réveillé, et on adopta un autre amendement en vue de donner au Congrès le pouvoir d'établir un impôt sur le revenu, sans répartition parmi les Etats selon leur population, pouvoir que la Cour suprême avait jugé qu'il ne possédait pas en vertu de la Constitution originale. L'élection populaire des sénateurs fédéraux, réclamée par tous, donna lieu à un autre amendement en 1913 : ce fut le dix-septième. Le mouvement d'agitation mené pendant de longues années à travers le pays tout entier contre le commerce de l'alcool, aboutit en 1918 à une victoire éclatante par l'adoption de l'amendement de prohibition et, en 1920, le mouvement en faveur du suffrage des femmes triompha grâce à l'adoption d'un amendement conférant aux femmes le droit de voter dans toutes les élections nationales, d'Etat et locales, au même titre que les hommes.

On voit donc que, malgré l'extrême rigidité de la Constitution, rigidité si souvent insurmontable pendant les cent premières années de notre histoire et que seuls de grands événements ou de grandes crises purent vaincre, l'expérience des années récentes montre qu'il n'est pas impossible d'amender la constitution en temps ordinaire, si la nation tout entière le désire. Par conséquent, lorsque le Professeur Dicey déclarait qu'il ne faudrait rien de moins que la menace d'une révoluion pour « éveiller à nouveau le souverain américain », il était mauvais prophète.

Les auteurs de la Constitution fédérale ont voulu manifestement lui donner un caractère d'extrême rigidité. En réalité, ils ont considéré qu'en prévoyant pour un amendement le consentement des trois quarts des États, ils faisaient une concession au principe de flexibilité; en effet, en vertu du régime sous lequel ils vivaient à l'époque (Articles de Confédération), on ne pouvait apporter d'amendements qu'avec le consentement de tous les États. Ils concevaient la Constitution non seulement comme la Loi fondamentale et suprême du pays, mais comme devant avoir également un caractère permanent. Il ne fallait donc pas la faire si élastique qu'on pût la changer suivant le caprice d'une majorité populaire temporaire. Conformément à cette conception, ils n'introduisirent dans la Constitution que des dispositions générales et fondamentales, qu'ils estimaient devoir être applicables à toutes les phases et conditions de la vie nationale et qui, par conséquent, n'auraient pas besoin d'être fréquemment modifiées. Ils établirent soigneusement la distinction entre ce que vous appelez en France le pouvoir constituant et le pouvoir législatif et ils les confièrent à des organes différents.

Cette conception d'une Constitution, instrument ne renfermant que les lois fondamentales du pays et ne devant être que rarement modifié, a encore ses partisans en Amérique. Mr. Elihu Root, un de nos hommes d'État les plus distingués, disait, il y a quelques années : « J'espère que le peuple américain ne contractera jamais l'habitude d'amender ». Un sénateur éminent, qui partageait évidemment cette opinion, déclara devant le Sénat en 1909 : « Je suis de ceux qui croient qu'il y n'aura jamais d'autre amendement à la Constitution des Etats-Unis » — prophétie bien fausse étant donné que cette déclaration fut bientôt suivie de l'adoption de quatre amendements importants. Mais cette théorie de la sancro-sainteté de la Constitution — dont Burke disait que, comme l'Arche d'Alliance, on ne devait pas y toucher — rencontre naturellement aujourd'hui peu de faveur chez le Demos américain. Jefferson avait pour doctrine qu'une génération n'a pas le droit de lier une génération suivante. « La terre, disait-il, appartient en usufruit aux vivants, les morts n'ont ni pouvoirs ni droits sur elle. » D'après les calculs de M. de Buffon, il estimait que la vie d'une génération est d'environ 19 ans. En conséquence, il devrait y avoir une revision de la Constitution, ou tout au moins une occasion de revision, tous les 19 ans. En ce qui concerne les Constitutions des Etats, les Américains ont observé ce principe : les constitutions de la plupart d'entre eux ont survécu pendant une période qui dépasse rarement 20 ans et on a apporté dans chaque Etat d'incessants amendements, grâce à leur plus grande élasticité. J'ajouterai que les plus récentes constitutions d'État, contrairement à la Constitution fédérale, contiennent énormément de détails ; quelques-unes d'entre elles ressemblent à des codes, en ce qu'elles renferment non seulement la loi organique de l'Etat, mais aussi beaucoup de règles de droit privé et même de procédure parlementaire. Cette tendance s'explique par le manque de confiance populaire dans les législatures d'Etat. L'opinion généralement répandue dans le peuple, c'est qu'on ne peut pas avoir confiance en elles, et il y a tendance à les remplacer par la Convention constitutionnelle — organe qui comprend d'ordinaire des représentants d'un niveau plus élevé que ceux que l'on trouve dans les législatures. Ainsi donc, la Convention constitutionnelle tend de plus en plus à devenir une législature en même temps qu'une Assemblée constituante. En conséquence, il faut nécessairement modifier fréquemment les Constitutions d'Etat si l'on veut qu'elles soient ce que Mr. Wilson a dit qu'une constitution devrait être : « un véhicule de vie », quelque chose qui doit changer avec les besoins et les conditions de la société. C'est ce qui fait qu'en Amérique nous avons deux théories du droit constitutionnel, tout comme nous avons deux idéals de démocratie : l'une, qui trouve son expression dans la Constitution fédérale, l'autre, dans les constitutions des États. Chacune, dans une certaine mesure, représente un extrême. La constitution fédérale est peut-être trop brève et trop inflexible pour s'adapter aux conditions changeantes d'une vaste démocratie de jour en jour plus consciente ; les Constitutions d'État, d'autre part, traitent de beaucoup trop de détails et de questions d'un caractère subsidiaire qui sont plus proprement du domaine de la législation ordinaire. Les modifications fréquentes qui sont ainsi rendues nécessaires tendent à priver les Constitutions d'Etat de leur caractère permanent et à renverser l'ancienne distinction entre le droit statutaire, et entre ce que vous appelez, en France, les lois organiques et les lois ordinaires.

Mais si la Constitution fédérale s'est peu développée par la procédure des amendements, surtout jusqu'à ces dernières années, elle a subi une évolution remarquable au moyen de l'interprétation par les tribunaux, et par la coutume, l'usage et la politique. Comme votre Constitution actuelle, elle se distingue par son extraordinaire brièveté et sa concision. Comme je l'ai dit, elle pose seulement quelques règles et principes généraux, laissant à la législation du Congrès et à l'interprétation des tribunaux le soin des détails. On pourrait presque dire de notre Constitution ce que feu le professeur Saleilles disait de la vôtre, qu'elle est plutôt remarquable par ce qu'elle omet que par ce qu'elle contient. Lord Bryce déclare qu'on peut la lire en entier en 23 minutes. C'est exact, mais quand on a fait cela, on n'en connaît que le schéma, on n'en a vu que l'extérieur; une grande partie de la constitution réellement en vigueur ne se trouve pas dans les quelques lignes du document écrit; il faut la chercher ailleurs. Bien qu'elle soit rédigée en un style remarquablement clair et explicite, sa concision même, jointe aux conditions nouvelles et variables dans lesquelles on doit l'appliquer, rendent absolument nécessaire son interprétation par les tribunaux. Prenons, par exemple, la clause si courte que voici : « Le Congrès aura le pouvoir de réglementer le commerce ». Très vite, la Cour suprême fut appelée à déterminer la valeur du mot « réglementer ». Le pouvoir de « réglementer » comprenait-il celui de « prohiber » ? De même la cour fut appelée à déterminer la signification du mot « commerce ». Visait-il seulement le commerce et les transports ou comprenait-il aussi les rapports et communications au moyen du télégraphe et du téléphone ? Des centaines de jugements ont été rendus par la Cour suprême sur la signification et l'application de cette seule disposition. Il n'y a pas une ligne qui n'ait provoqué une interprétation des tribunaux et cette interprétation ne s'est pas toujours bornée à fixer la signification de mots ou de phrases; elle a joué le rôle plus important d'adapter la Constitution aux conditions et situations nouvelles qui n'avaient pas été prévues par ses auteurs. La Cour suprême ne s'est pas seulement efforcée de déterminer ce que les rédacteurs de la Constitution avaient voulu dire dans un cas particulier dont le sens était devenu un sujet de controverse, mais elle a aussi exercé le pouvoir de déterminer ce que ses auteurs auraient dit en présence d'une situation ou d'une question spéciales s'ils l'avaient prévue. La Cour suprême a donc à la fois fait œuvre de développement et d'extension ainsi que d'interprétation ; elle a fait de la Constitution un instrument très différent de ce qu'il était lorsqu'elle sortit des mains de ses auteurs en 1787. L'Amérique a eu la bonne fortune d'avoir pendant trente-quatre ans, à la tête de la Cour suprême, John Marshall, un des jurisconsultes les plus illustres d'aucune époque ou d'aucun pays. Pendant la longue période durant laquelle il fut président de la Cour, une multitude de questions importantes se présentèrent quant à la nature de l'union fédérale, aux pouvoirs du Congrès et aux relations entre l'Union et les Etats, au contrôle du pouvoir judiciaire sur la législation, etc., etc. Il n'y avait pas, pour la plupart de ces problèmes, de précédents qui pussent servir de guide. Marshall fut donc obligé de créer une nouvelle jurisprudence fondée sur la raison, la logique et l'opportunité. Dès le début, il décida que la Constitution devait être libéralement interprétée ; que lorsque le gouvernement national avait un pouvoir, les moyens d'exécution devaient exister implicitement et que leur choix appartenait au Congrès ; que les Etats particuliers n'avaient pas le droit légal d'établir des impôts sur les fonctionnaires et les établissements du gouvernement national, qu'il appartenait aux tribunaux de déclarer qu'une loi votée en violation de la Constitution n'est ni valable ni obligatoire devant les tribunaux, etc. Quelques-uns de ses jugements provoquèrent l'opposition des ultra-démocrates comme Jefferson et Jackson, mais ils ne furent jamais annulés et ils font loi aujourd'hui. Ainsi Marshall développa la Constitution dans un sens nationaliste. Il fut, comme le remarque Lord Bryce, « un second créateur » de la Constitution. On peut dire que si la Cour suprême avait été présidée pendant sa première histoire par un interprète étroit, particulariste, strict, la Constitution des Etats-Unis aurait aujourd'hui une signification différente et l'Union aurait un caractère tout autre.

La Constitution ne s'est pas seulement développée et élargie au moyen de l'interprétation des tribunaux; elle s'est également développée et même transformée dans quelques-unes de ses parties par la coutume et la pratique. Il en est forcément ainsi d'une constitution aussi ancienne que la nôtre et qui a subi si peu de modifications par voie d'amendements constitutionnels. On dit parfois que la différence entre la Constitution américaine et la Constitution anglaise, c'est que la première est écrite tandis que la seconde ne l'est pas. Ceci n'est exact qu'en partie. En réalité, la Constitution des Etats-Unis est étouffée, tout comme la Constitution anglaise, par une flore parasitaire de coutumes, mais à un degré moindre cependant; il est exact que la partie la plus considérable et la plus importante est renfermée dans le document écrit, mais une très grande partie consiste également en coutumes et usages. Le président Wilson, qui a écrit beaucoup de livres sur le gouvernement américain, a même été jusqu'à dire que l'élément coutumes ou usages est plus grand que l'élément écrit. En conséquence, la différence entre les Constitutions anglaise et américaine est plutôt une différence de degré que de nature. La Constitution américaine illustre presque aussi bien que la Constitution anglaise cette maxime : «les Constitutions poussent, on ne les crée pas». Mr. Gladstone se trompait donc quand il disait que la Constitution américaine avait été « faite » à une certaine date.

Voici quelques exemples de la manière dont la Constitution a été modifiée et développée par la coutume et l'usage. L'instrument écrit ordonnait que le Président fût désigné directement par un petit groupe choisi d'individus appelés « électeurs » présidentiels qui, à l'origine, devaient choisir discrétionnairement le chef de l'Etat. Mais avec le développement des partis politiques, ces «électeurs» furent réduits au rôle de marionnettes de parti, simples automates qui enregistrent la volonté de leur parti politique. Par conséquent, en réalité sinon dans la forme, le Président est choisi directement par le peuple — le procédé par excellence que les auteurs de la Constitution avaient cru éviter.

De même, la Constitution, jusqu'en 1913, stipulait que les sénateurs fédéraux seraient élus par les législatures d'Etat. Mais avec le progrès des partis politiques, les sénateurs sont, en réalité, choisis non par la législature, mais par un *caucus* du parti politique prédominant dans la législature, c'est-à-dire par un conclave secret des membres du parti, et la législature ne fait que ratifier le choix du *caucus*. Autre exemple. La Constitution confère au président le pouvoir de nommer à une fonction avec le consentement du Sénat. Evidemment, l'intention des auteurs était que le choix serait fait par le Président et que le pouvoir du Sénat se bornerait à la ratification ou au rejet de ses nominations. Mais avec le développement d'une coutume appelée « courtoisie sénatoriale », les Sénateurs d'un Etat dans lequel un fonctionnaire fédéral doit exercer ses fonctions ont acquis le droit de choisir le candidat et de présenter son nom à la nomination du Président. Au cas où le Président ne tient pas compte de la recommandation des sénateurs de l'Etat particulier, et veut absolument nommer quelqu'un d'autre, les autres sénateurs, même ceux de son propre parti, refusent de donner leur consentement et font ainsi échouer la nomination du Président. La coutume est donc que, en ce qui concerne la nomination des fonctionnaires fédéraux locaux, les sénateurs font le choix et le Président est, en fait, obligé de l'accepter.

Le pouvoir que les tribunaux se sont arrogé, de refuser d'appliquer les lois du Congrès qui violent la Constitution, repose également sur la pratique et la coutume plutôt que sur une clause expresse de la Constitution. — De même, la Constitution ne fixe pas de limites au nombre de périodes pour lesquelles le président peut être élu; mais une coutume, qui est presque aussi forte qu'une interdiction constitutionnelle, fixe la durée de son mandat à deux périodes (8 ans). La Constitution n'exige pas qu'un représentant au Congrès soit un résident de la circonscription où il a été élu, mais une coutume, à laquelle on déroge rarement en fait, limite le choix des électeurs aux habitants de la circonscription. On pourrait citer bien d'autres exemples pour montrer comment la Constitution, telle qu'elle est sortie des mains de ses auteurs, a été modifiée ou développée par la coutume et les pratiques politiques. Il est donc clair que la Constitution actuellement en vigueur n'est pas celle du document écrit. Pour la comprendre, il faut non seulement lire le document lui-même, mais il faut étudier la jurisprudence de la Cour suprême et les coutumes qui l'ont développée et qui l'ont même transformée dans quelques-unes de ses parties. Il est probable que si la Constitution était dépouillée de son interprétation judiciaire et de son élément de droit coutumier, et exposée dans sa nudité, elle serait méconnaissable et, j'ajoute, inapplicable en pratique.

Finalement, on peut dire que la Constitution s'est développée au moyen de l'œuvre législative du Congrès. Comme je l'ai déjà dit, le texte du document original est remarquablement court et se borne à poser des règles et des principes généraux. Les détails de l'organisation, de la procédure et du mécanisme ont dû, en conséquence, être réglés par la législation. Ainsi, en ce qui concerne les tribunaux fédéraux, la Constitution déclare simplement qu'il y aura une Cour suprême et des tribunaux inférieurs qui seront créés par le Congrès. Toute l'organisation judiciaire est donc déterminée par une loi du Congrès. De même, la Constitution, sous sa forme originale, déclarait que les Sénateurs fédéraux seraient choisis par les législatures d'Etat, mais elle ne contenait aucune disposition relative à la procédure à suivre pour l'élection. Ces questions ont été laissées à la législation. Relativement au décompte des voix, au cas de contestation à l'occasion de l'élection du Président, la Constitution est muette et la question a été résolue avec beaucoup de détails par une loi très complète votée par le Congrès en 1887. De même, quant à la succession présidentielle : la Constitution stipule qu'au cas où la fonction présidentielle deviendrait vacante par suite du décès du Président et du Vice-Président, le Congrès choisirait le successeur. Toute la question de la succession est donc réglementée par une loi du Congrès, votée en 1886.

Ces lois et d'autres importantes, ne font naturellement pas partie de la Constitution, pas même au sens où l'on peut dire que la jurisprudence interprétative de la Cour suprême en fait partie, mais elles complètent la Constitution, comblent ses lacunes, et donnent à son fonctionnement un caractère et une direction qui, en quelques cas, diffèrent des idées des premiers rédacteurs. Elles ressemblent à vos grandes lois organiques qui réglementent l'organisation et l'élection du Sénat et de la Chambre des députés.

Laissons maintenant les procédés par lesquels la Constitution s'est développée et élargie, et voyons par quels traits elle se distingue, dans une certaine mesure, d'un grand nombre de Constitutions étrangères. En premier lieu, les Américains ont coutume de dire que leurs Constitutions sont à la fois des instruments de liberté et de gouvernement. Chacune contient non seulement ce qu'on peut appeler la loi fondamentale de l'organisation gouvernementale, mais elle contient aussi une Déclaration des droits plus ou moins complète. Votre Constitution de 1875, différant en cela des précédentes, ne contient aucune déclaration de ce genre; pourtant, nombre de vos juristes distingués, comme M. Duguit, déclarent que les grands principes de 1789 font, en réalité, partie du Droit public français et qu'il y a si longtemps qu'ils ont été reconnus comme tels qu'il est inutile de les affirmer à nouveau par une incorporation expresses à la Constitution de 1875. Toutefois, les Américains ont suivi votre ancienne méthode (il y a des Américains qui renverseraient cette proposition et diraient que vous aviez suivi leur pratique) et ils ont incorporé expressément une Déclaration des droits comme partie intégrante de toutes leurs Constitutions. Dans la Constitution fédérale, elle ne porte pas à proprement parler le titre de «Déclaration», mais les dix premiers amendements sont, en fait, une déclaration. Etant donné que le gouvernement fédéral n'a de pouvoirs que ceux que la Constitution lui confère, certains auteurs de la Constitution, comme Hamilton, ont prétendu qu'une Déclaration des drois interdisant au gouvernement de ne rien faire qui ne soit spécifiquement autorisé, était superflue; mais d'autres, comme Madison, estimaient qu'il valait mieux écarter toute possibilité de doute en ajoutant les amendements mentionnés. En outre de l'énonciation de certaines maximes de philosophie politique, telles que la théorie du gouvernement par contrat ou par pacte, la doctrine du consentement des gouvernés, des droits naturels et inaliénables, des généralités relatives à l'égalité, etc., les Déclarations des droits contenues dans les Constitutions d'Etat contiennent un grand nombre d'affirmations relatives à la liberté de parole, de la presse, de réunion, de religion, au droit de pétition, au port d'armes, au droit d'un accusé d'être jugé par un jury et autres garanties juridiques du même genre. On rencontre également de fréquentes déclarations contre les privilèges spéciaux, les monopoles, les titres nobiliaires, etc. La plupart affirment le droit à se livrer au commerce et le droit à la propriété; quelques-unes vont même jusqu'à dire que le droit d'acquérir et de posséder des biens « passe avant et est supérieur à toute sanction constitutionnelle. »

De longues déclarations de ce genre ont été incorporées dans les toutes premières Constitutions d'Etat adoptées aux Etats-Unis, précédant ainsi de quelques années votre fameuse Déclaration de 1789, et elles ont été répétées sous une forme plus développée dans toutes les constitutions qui ont suivi. Elles étaient d'abord dirigées contre la tyrannie de l'exécutif, dont le souvenir hantait encore les fondateurs de la nation. Aujourd'hui que ce danger a en grande partie disparu, les déclarations fournissent des garanties contre les empiètements possibles à l'avenir des autorités exécutives. Ce qui est de nos jours peut-être plus important, elles protègent les libertés du peuple, en particulier les droits des minorités, contre ce qui est, en réalité, un danger plus grand que la tyrannie de l'exécutif, à savoir les lois arbitraires et d'oppression des législatures. Ces dispositions ont ainsi pour effet de créer un vaste domaine de liberté individuelle, politique, économique et religieuse, sur lequel aucun pouvoir ni autorité gouvernementaux ne peuvent légalement empiéter, et d'où ils seraient expulsés par le pouvoir judiciaire s'ils s'y risquaient.

Un autre caractère, qui différencie d'ordinaire les Constitutions américianes de celles d'Europe, c'est qu'elles sont des instruments de concession, de limitation et de prohibition de pouvoir. La Constitution britannique, comme chacun sait, ne fixe pas de limites aux pouvoirs du Parlement. Le Parlement est, par conséquent, juridiquement omnipotent; c'est le souverain légal de l'Empire. Il peut, d'après les termes du commentateur anglais de Lolme, tout faire, sauf changer un homme en femme ou une femme en homme. De même, la Constitution française impose peu ou point de limites au pouvoir du Parlement; par conséquent, sauf la limite imposée par les principes de la Déclaration des Droits de l'homme de 1789, il est juridiquement omnipotent. La théorie et la pratique américaines sont différentes. La Constitution fédérale énumère expressément, avec plus ou moins de détails, les pouvoirs des autorités exécutives et législatives, et, comme si ce n'était pas une garantie suffisante contre l'exercice illégal du pouvoir, la Constitution interdit formellement à la législature de promulguer des lois sur un certain nombre de sujets. De la même manière, les Contitutions d'Ftat énumèrent les pouvoirs des autorités exécutives, et bien qu'elles ne spécifient pas en détail les sujets sur lesquels la législature peut légiférer, elles interdisent formellement, comme je l'ai dit, l'adoption de lois sur un grand nombre de questions. Les pouvoirs des législatures d'Etat sont, en outre, limités par diverses prohibitions de la Constitution fédérale. Il n'y a pas de principe de droit constitutionnel plus ancien ou plus solide que celui qui déclare que les pouvoirs des corps législatifs et, en réalité, de toutes les autorités administratives, sont limités.

Un autre principe très ancien et très enraciné de notre droit public, c'est que les corps législatifs ne sont pas, en dernier ressort, les juges des pouvoirs que la Constitution leur confère. Les Américains estiment que si la législature était en dernier ressort juge des limitations que la Constitution apporte à son autorité, ces restrictions auraient peu d'importance; en effet, la législature étant partie intéressée, elle les enfreindrait fréquemment, peut-être parfois involontairement. C'est pourquoi il faut trouver le moyen d'obliger la législature à se cantonner dans la sphère que la Constitution lui a assignée; en d'autres termes, il faut dresser une sentinelle, un gardien de la Constitution qui surveillera la législature et l'empêchera, s'il y a lieu, de violer la Constitution. Ce rôle de gardien de la Constitution, c'est le pouvoir judiciaire qui l'exerce. Par conséquent, toutes les fois que la législature vote une loi qu'un citoyen croit être une violation de la Constitution et qui le prive d'un droit que la Constitution lui concède, il peut s'adresser aux tribunaux pour demander protection contre cette loi. Si le tribunal juge que la loi en question n'a pas été autorisée par la Constitution, il la déclarera nulle et non avenue et refusera de l'appliquer. Bref, les tribunaux, et non la législature, sont juges en dernier ressort des pouvoirs des législatures.

Comme je l'ai dit, c'est une très ancienne doctrine du droit public américain; en fait, elle a été appliquée par les tribunaux de plusieurs Etats, même avant l'adoption de la constitution fédérale et elle fut affirmée à nouveau en 1803, dans une affaire célèbre, par notre grand président de la Cour suprême fédérale, Marshall. Elle a été fidèlement suivie depuis, et bien qu'elle ait été parfois attaquée, il est peu vraisemblable que ce principe soit jamais abandonné. La Constitution fédérale ne confère pas en termes exprès ce pouvoir aux tribunaux; aussi les adversaires de cette doctrine déclarent-ils que c'est une usurpation judiciaire. Mais elle déclare que la Constitution sera « la loi suprême du pays ». Donc, la Constitution ne peut pas être réellement la loi suprême si la législature peut la violer impunément et si elle est juge, en dernier ressort, de ses propres pouvoirs. Il n'était donc pas nécessaire, d'après la conception américaine, que la Constitution accordât ce pouvoir en termes exprès aux tribunaux. C'était une fonction naturelle, inhérente, logique des tribunaux; c'est même leur devoir de refuser d'être liés par une loi votée en violation de la Constitution. Il a été sous-entendu d'une manière générale, au moment où la Constitution fédérale a été adoptée, que ce pouvoir et ce devoir appartenaient aux tribunaux. Pendant la campagne pour l'adoption de la Constitution, ses adversaires prétendaient que les tribunaux possédaient ce pouvoir et ses partisans le reconnaissaient et défendaient ce principe. Il n'est donc pas exact de dire que le pouvoir a été usurpé par les tribunaux. C'est, comme je l'ai dit, un principe fondamental de notre droit public que les pouvoirs des législatures sont définis et limités par les dispositions d'une Constitution écrite. La Constitution est la loi suprême : c'est la loi du peuple, tandis qu'une loi de la législature n'est qu'une loi subsidiaire qui ne peut pas être la voix du peuple. L'autorité de la législature est analogue au mandat qu'un agent reçoit de son chef ; si la législature excède le pouvoir qu'elle a reçu du peuple parlant par l'organe de la Constitution, sa loi n'est pas plus obligatoire que l'acte d'un agent qui outrepasse son mandat. Il ne servirait de rien de tracer des limites au pouvoir de la législature s'il n'y a aucun moyen de l'obliger à les respecter ; bref, la distinction entre un gouvernement à pouvoirs limités et un gouvernement à pouvoirs illimités n'aurait aucun sens, si l'organe limité était juge des limites qui lui sont assignées. Comme l'a dit excellement le Président de la Cour suprême fédérale, Marshall, ou bien la Constitution est la loi suprême, supérieure, impossible à modifier par les voies ordinaires, ou bien elle est semblable aux actes législatifs ordinaires et, par conséquent, modifiable comme eux toutes les fois qu'il plaira à la législature de le faire. Comme votre éminent juriste, M. Crémieux, l'a dit dans une plaidoierie devant la Cour de Cassation en 1838, alors qu'il défendait le droit du tribunal de refuser d'appliquer une loi inconstitutionnelle du Parlement, si la législature pouvait modifier ou abroger une clause de la Constitution, il s'ensuivrait qu'il n'y aurait pas de Constitution au sens propre du mot : elle serait uniquement ce que la législature voudrait qu'elle fût.

Ceci étant admis par les Américains, la seule question était de savoir à quel organe ou à quelle autorité serait confié ce pouvoir de jugement, de limitation et de protection. Ce ne pouvait pas être à la législature, étant partie intéressée ; en effet, les restrictions apportées à son autorité ne seraient en dernière analyse, autre chose que des restrictions volontaires. Ce serait une *contradictio in absurdum* de faire de l'organe qui doit subir les restrictions, le juge de celles-ci. On ne pouvait pas donner ce pouvoir au Président, parce qu'il pouvait ne pas être un juriste et que, en outre, il pouvait être partie intéressée.

Comme Lord Bryce le remarque, le pouvoir judiciaire était la seule autorité qui pouvait, à juste titre, être juge en cette occurrence. Les Américains estiment, comme je l'ai dit, que le pouvoir judiciaire est l'organe naturel et logique pour prononcer un jugement sur la constitutionnalité des actes législatifs. Les tribunaux ne sont pas parties intéressées dans les affaires qui leur sont soumises; ils sont composés de juristes que l'on peut considérer comme indépendants et impartiaux, et la nature de leurs fonctions les éloigne de toute participation à la politique.

Mais il ne manque pas d'Américains qui critiquent cette théorie et cette pratique. Ils prétendent qu'on élève ainsi le pouvoir judiciaire au-dessus de la législature; qu'on en fait, en réalité, une partie de la législature grâce à son pouvoir de veto; qu'on détourne les tribunaux de leur fonction naturelle, qui est de juger des questions juridiques, en les obligeant à se prononcer sur des problèmes de politique; que l'on fait, en définitive, des juges une petite oligarchie irresponsable devant le peuple, n'ayant aucun contact avec l'opinion publique, maîtresse véritable du peuple; que, somme toute, on substitue la souveraineté du pouvoir judiciaire à celle des représentants élus, etc. Le fait que la Cour suprême fédérale, composée de 9 juges nommés à vie par le Président, a le pouvoir d'opposer son veto aux lois du Congrès et des législatures d'Etat, constitue, disent-ils, l'un des paradoxes les plus frappants de la démocratie américaine.

Les attaques de ce genre se sont multipliées au cours de ces dernières années et elles ne sont pas seulement le fait de radicaux violents. Des hommes modérés se plaignent que le pouvoir des tribunaux d'annuler les actes législatifs se soit exercé trop fréquemment et trop à la légère. Entre 1902 et 1908, en six ans, 468 lois ont été déclarées inconstitutionnelles par les Cours suprêmes des différents Etats; en 1910, 150 lois relatives au travail et à l'industrie seulement ont, dit-on, subi le même sort. Le fait que les jugements des tribunaux, dans beaucoup de ces cas, ont été prononcés par une faible majorité des juges constituant le tribunal (par exemple, par 5 sur 9), qu'une légère modification à la composition du tribunal aurait provoqué une autre décision et que les tribunaux d'Etats différents arrivent à des conclusions directement opposées, a eu pour résultat de détruire la foi populaire en l'infaillibilité des juges et en la sagesse qu'il y a à permettre aux tribunaux de contrôler la législature, surtout lorsque le jugement a été prononcé par une simple majorité des juges composant le tribunal. A ce sujet, on peut remarquer que, dans plusieurs Etats, on a adopter des dispositions constitutionnelles qui exigent une majorité extraordinaire des juges (7 sur 9, par exemple) pour qu'une loi soit déclarée inconstitutionnelle. Cette clause supprimera, en quelque mesure, cette source de critique populaire.

Mais le public adresse encore une autre critique. Les tribunaux, à raison de leur attitude à l'égard de la législation avancée en faveur du progrès social et économique et, en particulier, des classes laborieuses, des femmes et des enfants, s'opposent, dit-on, aux réformes sociales. On se plaint, par exemple, que les lois limitant les heures de travail dans certaines industries insalubres, les lois interdisant l'emploi des femmes dans ces industries, ou tout au moins pendant la nuit, celles exigeant que les patrons indemnisent leurs employés à raison de dommages dont ceux-ci ne sauraient être tenus responsables, aient été trop fréquemment, et sans juste raison, déclarées inconstitutionnelles. Les Constitutions fédérales et d'Etat contiennent toutes des clauses destinées à protéger les droits de propriété et la liberté du commerce, et la Constitution fédérale interdit, en outre, aux lois d'Etat de porter atteinte à l'obligation des contrats. Elle déclare que nul ne peut être privé de sa liberté sans un « jugement » (*due process of law*), ni de ses biens sans « indemnisation ». Toutes les fois que des lois, telles que celles mentionnées plus haut, ont été déclarées inconstitutionnelles, elles l'ont été pour le motif qu'elles violaient l'une ou l'autre des clauses constitutionnelles que je viens de citer. Mais ceux qui critiquent les tribunaux prétendent que les auteurs de la Constitution n'ont jamais eu l'intention d'interdire, au moyen de ces dispositions, la législation limitant les heures de travail dans les usines, les mines ou autres établissements, ni celles relatives à la santé, à la morale et à la prospérité du peuple en général. Ils affirment que l'interprétation des juges fait violence aux clauses constitutionnelles qui avaient seulement pour but de défendre le citoyen contre les atteintes à sa liberté physique, contre la confiscation directe de ses biens et contre une procédure judiciaire arbitraire, et non pas de protéger les employeurs contre une législation favorable aux classes ouvrières et à l'intérêt social en général. Les juges, disent-ils, exaltent le droit de propriété et la liberté de contrat aux dépens des droits de l'homme et du progrès social; de par leur profession et leur tournure d'esprit, ils sont incapables de se prononcer sur l'opportunité d'une législation sociale et économique, même si c'était du ressort de leur compétence juridique.

Les objections que soulève l'attitude des tribunaux jugeant inconstitutionnelles certaines lois de la législature sont justifiées dans une certaine mesure, mais comme beaucoup de récriminations populaires, elles sont très exagérées. Il y a eu malheureusement des cas où les juges ont peut-être témoigné une sollicitude excessive à l'égard du droit de propriété. En Amérique, en effet, ces droits sont considérés comme presque sacrés et il n'y a pas de pays où la Constitution les protège d'une manière plus vigilante. Des critiques de la Constitution prétendent même que tout le système américain de gouvernement a été conçu à l'origine en vue de protéger les classes possédantes. Dans certains cas, encore plus regrettables, les tribunaux ont manifesté une tendance à substituer leur propre jugement à celui de la législature et à déclarer nulles et non avenues des lois de la législature sous prétexte d'inopportunité plutôt que d'inconstitutionnalité. Dans d'autres cas, les juges auraient pu marquer plus de déférence envers l'opinion publique, adopter une interprétation plus large de la Constitution et confirmer la validité de lois sages et salutaires exigées par les conditions modernes et approuvées par le public en général.

Mais ces cas ont été relativement peu nombreux. A quelques rares exceptions près, les tribunaux ont exercé leur pouvoir de contrôle sur la législation avec sagesse et prudence. Ils ont adopté pour règle d'interprétation qu'une loi contestée de la législature est présumée constitutionnelle, et la preuve du contraire incombe à celui qui attaque sa constitutionnalité. Par déférence pour la législature — organe du gouvernement sur un pied d'égalité avec lui — tout doute est résolu en faveur de la constitutionnalité des lois qu'elle adopte. Les tribunaux ne recherchent pas les motifs de la législature en votant une loi; qu'une loi soit sage ou opportune, cela ne les regarde pas. Ce qui les concerne, c'est de savoir si la Constitution l'autorise ou ne l'autorise pas.

De Jefferson à Roosevelt, il s'est trouvé des hommes pour blâmer ce qu'on appelle quelquefois le « veto judiciaire », comme il s'en est trouvé pour s'élever contre d'autres institutions et pratiques. Mais, somme toute, il n'y a pas de grands principes constitutionnels auxquels la masse des Américains soit attachée depuis plus longtemps ou plus profondément. Ayant institué un système de gouvernement fédéral qui assigne aux autorités nationales et aux autorités d'Etat un domaine distinct, et ayant adopté une Constitution écrite qui répartit les pouvoirs de gouvernement entre les divers départements et qui fixe des limites définies à l'autorité de chacun, il a été nécessaire de conférer à un corps ou organe le pouvoir de maintenir la nation et les Etats dans leur sphère respective et d'empêcher les autorités de chaque département d'empiéter sur le domaine des autres. Sans cet arbitre, protecteur et juge, l'Union elle-même et toute la théorie sur laquelle repose le gouvernement se seraient écroulées. Ce rôle de protection et de défense a été confié au pouvoir judiciaire et ceux qui y trouvent à redire n'ont pu suggérer une meilleure solution. C'était, en réalité, conférer aux juges un immense pouvoir. Le professeur Burgess, une de nos plus grandes autorités en droit constitutionnel, déclare que cela fait du gouvernement américain une « aristocratie de robe »; mais, ajoute-t-il, « c'est la meilleure aristocratie pour fins de gouvernement que le monde ait jamais produite ». La doctrine américaine a été louée par un grand nombre d'étrangers. Elle a été admirée par de Tocqueville. Il trouvait qu'elle était extrêmement favorable à la liberté et à l'ordre public et il voyait en elle « l'une des barrières les plus puissantes contre la tyrannie des assemblées politiques ». Le professeur Dicey s'est exprimé à son sujet en ces termes : « Les hommes d'Etat d'Amérique ont fait preuve d'une habileté incomparable en fournissant les moyens de donner des garanties légales aux droits proclamés par les Constitutions américaines ». Lord Bryce, qui comprend le système américain mieux, peut-être, qu'aucun autre étranger, remarque que « aucun trait distinctif du gouvernement des Etats-Unis n'a suscité autant de curiosité dans l'esprit européen, n'a provoqué autant de discussion, n'a été plus admiré et plus fréquemment incompris que les devoirs assignés à la Cour suprême et les fonctions qu'elle remplit en défendant l'Arche de la Constitution ». « Pourtant, ajoute-t-il, il n'y a là vraiment aucun mystère. Ce n'est pas compliqué. C'est la chose la plus simple du monde si on l'envisage du bon côté. » Et il conclut : « Aucune partie du système américain n'est plus à la louange de ses auteurs, ni, en pratique, n'a mieux fonctionné. »

Bien que la doctrine américaine de l'inconstitutionnalité ait été à peine introduite en Europe, elle ne manque pas de partisans sur le continent. Parmi vos juristes distingués qui l'ont approuvée, on peut citer MM. Benoist, Coumoul, Duguit, Hauriou, Jèze, Beauregard, Saleilles, Thaller, Barthélemy, Picot et Devin. En pratique, vos tribunaux judiciaires refusent d'appliquer les règlements illégaux émanant d'autorités administratives et votre Conseil d'Etat exerce le droit d'annuler pour excès de pouvoir non seulement les simples règlements décrétés par le chef de l'Etat, mais aussi (depuis 1907) les règlements d'administration publique dont beaucoup sont, à raison de l'importance des questions qu'ils traitent, dans le fond, sinon dans la forme, de véritables actes de législation. Quelques-uns de vos juristes, comme feu M. Salcilles et M. Duguit, semblent croire que c'est simplement une question de temps et que votre jurisprudence fera un pas de plus et consacrera le principe qu'il appartient aux tribunaux français d'annuler les lois de la législature qui violent directement la Constitution. Mais après une étude restreinte de votre jurisprudence, je suis porté à croire, avec le professeur Jèze, qu'il n'y a aucun indice de changement à votre pratique actuelle. M. le professeur Moreau expose bien votre théorie constitutionnelle quand il dit que le Parlement n'est soumis à d'autre contrôle que celui des électeurs et de l'opinion publique et qu'il n'y a pas de tribunal pour juger de la validité de ses actes. M. le doyen Larnaude insiste également sur les difficultés qui s'opposent à l'adoption en France de la doctrine américaine et il montre que les habitudes et le tempérament français diffèrent tellement de ceux des Américains qu'on ne peut considérer comme concluant l'argument tiré de l'expérience américaine.

Enfin, si je puis donner à mon tour mon avis, je dirai que la nécessité de la règle américaine n'existe pas, en France, au même degré que chez nous. N'ayant pas un système fédéral de gouvernement, vous n'avez, par conséquent, pas besoin d'un arbitre judiciaire pour garder l'équilibre entre la nation et les Etats et pour maintenir chacun dans la sphère que la Constitution lui a assignée. En second lieu, votre Constitution est, comme je l'ai dit, avant tout une loi d'organisation et non un instrument de limitations et de prohibitions. Etant donné qu'il y a peu de restrictions constitutionnelles au pouvoir législatif, si on permettait au pouvoir judiciaire d'annuler les actes du Parlement qui violent la Constitution, les occasions d'exercer cette fonction seraient peu fréquentes. En outre, comme les pouvoirs législatifs et constituants ne sont pas, en France, nettement distincts, comme ils le sont aux Etats-Unis, — ces deux pouvoirs étant, en fait, confiés au Parlement, — si les tribunaux prononçaient la nullité d'une loi du Parlement, celui-ci pourrait promptement se réunir à Versailles en Assemblée nationale et déclarer constitutionnelle la loi ainsi déclarée nulle, après quoi elle échapperait au contrôle du pouvoir judiciaire. Pour toutes ces raisons, la question est d'une importance pratique bien moins grande pour vous que pour nous.

Voilà quelques-uns des principes et des doctrines du droit constitutionnel américain et quelques-uns des traits distinctifs de la Constitution fédérale et des Constitutions d'État. Les Américains y sont profondément attachés et, en pratique, ces institutions se sont bien adaptées aux conditions un peu spéciales qui ont toujours existé en Amérique.

Un des traits nationaux des Américains — que les observateurs européens ont souvent noté — c'est qu'ils considèrent la Constitution avec une sorte de vénération qui ressemble presque à une adoration superstitieuse. Le Président Lowell, de l'Université Harvard, l'un de nos meilleurs auteurs de droit public américain, remarque, à propos de cette tendance à glorifier et à adorer la Constitution, qu'elle est pour nous ce que le roi a été pour d'autres nations. Les observateurs étrangers ont été frappés de l'empressement avec lequel les Américains se soumettent à cette « royauté de la Constitution». Lord Bryce parlant des objections qui ont été adressées à la Constitution et de la nécessité possible de l'améliorer, observe que « la vénération de la Constitution est devenue une influence si manifestement conservatrice, qu'aucune proposition de changement fondamental n'a de chance d'aboutir ». « Et cette vénération, ajoute-t-il, est, en elle-même l'un des éléments les plus sains et les plus encourageants du caractère du peuple américain. »

Il se peut que certaines clauses de la Constitution soient archaïques et peu en harmonie avec les conditions actuelles ; mais le fait qu'elles existent leur confère une sorte de sainteté qui leur donne droit à l'obéissance aveugle et au respect du peuple. Par conséquent, lorsque la Cour suprême annule une loi que l'opinion publique réclame, la masse du peuple accepte d'ordinaire cette décision comme une chose naturelle et sans se plaindre du verdict du tribunal, parce qu'il a foi dans le règne de la Constitution et, qu'elle ait tort ou raison, elle doit régner et il faut lui obéir.

Mais dans ces dernières années, comme je l'ai signalé, on constate une tendance à s'écarter de cette ancienne habitude d'adulation et d'adoration de la Constitution. Des Américains, en nombre toujours plus grand, commencent à admettre ses défauts reconnus, et ils sont de moins en moins disposés à la considérer comme les hommes des temps bibliques regardaient l'Arche d'Alliance, c'est-à-dire comme quelque chose qui ne doit pas être touché par des mains sacrilèges. La succession rapide et récente des amendements est une preuve évidente de ce changement d'attitude. L'admirateur le plus ardent de la Constitution fédérale, s'il est franc et sincère, reconnaîtra qu'elle n'est pas sans défaut. Il y a près d'un siècle et demi que la Constitution a été élaborée ; les conditions quelque peu primitives qui existaient alors ont disparu depuis longtemps ; les idées politiques du peuple, qui prévalaient à cette époque, ont subi de notables modifications ; les principes constitutionnels, qui coïncidaient avec la philosophie politique de l'époque, ont cessé d'être conformes aux notions en cours sur la démocratie. La rigidité excessive de la Constitution, bien qu'elle ait rendu de précieux services en empêchant des majorités temporaires et éphémères d'opérer des transformations hâtives qu'à la réflexion elles eussent condamnées, et en maintenant dans le peuple des habitudes de conservatisme et le sens de la stabilité et de la permanence dans les principes constitutionnels a, d'autre part, été un obstacle à l'évolution de la démocratie. Elle a rendu difficile l'adaptation de la Constitution aux nouvelles conditions dans lesquelles elle doit fonctionner aujourd'hui à raison des opinions et des intérêts contradictoires de ceux qui l'ont élaborée, elle a été et elle reste un instrument de compromis dont quelques-uns sont regrettables. Mais sans eux, le peuple des différents Etats ne l'auraient pas acceptée à l'époque ; ce fut donc, étant donné les circonstances, ce qu'on a pu faire de mieux. Elle contient, comme je l'ai dit, certaines clauses peu démocratiques et même désuètes, qui ne sont pas en harmonie avec les idéals démocratiques de nos jours. Mais il ne manque pas d'Américains qui trouvent que tout est pour le mieux. Nombreux sont ceux qui croient que la répartition des pouvoirs entre l'Union d'une part et les Etats de l'autre, faite par la Constitution, n'est plus conforme aux conditions et besoins du moment et qu'il est vivement désirable de procéder à une redistribution qui donnerait au gouvernement fédéral certains pouvoirs qui appartiennent aujourd'hui aux Etats. On pourrait mentionner d'autres défauts ; sur certains, tout le monde est d'accord, mais il y en a d'autres, sur lesquels il n'y a pas unanimité. Heureusement peu de défauts se sont révélés graves dans la pratique et le fait que la Constitution a résisté si longtemps et avec si peu de modifications ou additions est, comme je l'ai dit, le plus bel éloge que l'on puisse faire de la sagesse de ses auteurs. C'est en même temps, qu'il me soit permis de le dire, une preuve que les Américains sont plus conservateurs que les Européens ne l'admettent généralement.

CHAPITRE III

L'Union Fédérale américaine

Ce n'est pas une tâche aisée que d'expliquer le système fédéral de gouvernement et surtout le système américain qui est peut-être la plus complexe et la plus embrouillée de toutes les formes sous lesquelles l'organisation politique peut actuellement se présenter. Parmi les Américains eux-mêmes, il s'en trouve beaucoup qui ne comprennent pas les complications de son organisation ou la marche de son mécanisme ; les personnes qui n'ont jamais vécu sous ce régime et qui n'ont pris aucune part à son fonctionnement, rencontrent des difficultés plus grandes encore, lorsqu'elles tentent d'en bien pénétrer toutes les complexités et l'on peut affirmer sans crainte de se tromper, que bien peu d'entre elles y parviennent.

Le système fédéral américain peut se comparer à une machine gigantesque constituée par une grande roue comprenant elle-même d'autres roues plus petites dont certaines se trouvent dans un sens donné, quand la machine est en mouvement, et d'autres dans des sens opposés. On peut aussi comparer ce régime à un système planétaire dans lequel se trouve un astre de première grandeur autour duquel gravitent un certain nombre d'étoiles de moindre importance, dont chacune doit demeurer dans les limites de son orbite propre sous peine de provoquer une confusion dans le ciel.

Un Etat comme celui dont nous parlons est une création composite : c'est un Etat composé d'autres Etats ou, tout au moins, de divisions présentant en fait beaucoup des caractères spéciaux aux Etats, même si la loi ne leur reconnaît pas ce titre.

Le gouvernement d'un Etat semblable est un système double de gouvernements central et local unis sous une autorité commune. On y trouve deux systèmes de juridiction, qui se superposent tout en restant indépendants et deux catégories de pouvoirs fonctionnant chacune dans sa sphère propre bien que toutes les deux exercent leur autorité sur les mêmes territoires et les mêmes individus. Chaque citoyen possède deux nationalités, l'une nationale, l'autre locale, et dont chacune entraîne un devoir de fidélité, l'une envers le pays entier, l'autre envers l'Etat particulier dont l'individu fait partie.

Les ligues n'étaient pas inconnues des anciens, en particulier des Grecs dont le gouvernement avait quelques-unes des apparences extérieures et même quelques-unes des caractéristiques essentielles d'une union fédérale moderne. Parmi les fameuses « Républiques » des XVIe et XVIIe siècles, il s'en est trouvé plusieurs qui présentaient des traces de l'idée fédérale, mais le premier exemple d'une république fédérale, au sens réel du mot, est celui que fournit l'Amérique en 1789. Je dois cependant remarquer que l'Union établie en

1781 tout d'abord par les Américains, après la conquête de leur indépendance, n'était pas un Etat fédéral, mais une confédération. La jalousie mutuelle des différents Etats et leur peu d'inclination à abdiquer une partie quelconque de leur autorité locale, ainsi que l'exige le vrai principe fédéral, étaient des sentiments si profondément enracinés qu'il fallut du temps et de pénibles expériences pour les faire disparaître.

La confédération organisée en 1781 fut de courte durée, — en fait, elle ne vécut que 8 années. Ce n'était guère plus qu'une ligue défensive dans laquelle chaque Etat conservait la partie essentielle de sa souveraineté.

En conséquence, elle se révéla insuffisante et disparut bientôt en pratique. Mais son existence passagère et transitoire eut un heureux effet : elle démontra l'utilité de l'Union et, ce qui avait plus d'importance, elle démontra la nécessité d'une union plus forte, basée sur un principe d'organisation fédérale plutôt que confédérale. L'Union établie en 1789 fut organisée selon ce nouveau principe.

Le problème auquel se heurtaient les fondateurs du régime étaient double : il consistait d'abord dans l'organisation d'un gouvernement central ou national et, en second lieu, dans la distribution des pouvoirs gouvernementaux entre la nation ou gouvernement d'une part, et les Etats particuliers d'autre part, de telle sorte que la nation et les Etats puissent avoir leurs sphères séparées avec des limites assez clairement définies pour réduire au minimum les possibilités de conflits.

Au moment de la création de l'Union fédérale, les Etats qui la composaient avaient déjà leur existence propre, leurs Constitutions et leurs gouvernements particuliers qui avaient fonctionné de façon satisfaisante pendant un certain nombre d'années. Les fondateurs de l'Union n'avaient donc pas à changer l'ordre établi. Aussi les Etats demeurèrent-ils en grande partie intacts ; ils gardèrent leurs Constitutions, et leurs gouvernements existants durent seulement faire abandon de quelques-uns de leurs pouvoirs qui furent transmis au gouvernement national. Par conséquent, la première tâche des fondateurs consista simplement à établir au-dessus des Etats particuliers, un gouvernement central commun. Le problème était en somme analogue à celui qui se pose à un architecte chargé de bâtir un grand édifice dominant une série de bâtiments plus petits, déjà existants, et groupés autour de l'emplacement du monument central. Il n'aurait pas besoin de démolir les petits bâtiments, d'enlever leurs débris, et de bâtir à nouveau à leur place, il lui suffirait d'établir un toit commun pour toutes ces constructions. On a également comparé le gouvernement ainsi établi à une coupole établie au-dessus d'un groupe de bâtiments construits autour d'un centre commun, mais cette comparaison n'est pas exacte, parce que le gouvernement national n'a pas, comme une coupole, une fonction purement ornementale : il est un élément nécessaire du système fédéral et, sans lui, l'édifice entier s'écroulerait.

Après avoir créé le gouvernement central commun, communément appelé « gouvernement » fédéral (appellation erronée puisque le terme « fédéral » s'applique non pas au gouvernement central considéré séparément, mais au système complet comprenant les divers gouvernements d'Etats aussi bien que le gouvernement central) ; après avoir résolu cette première difficulté, les fondateurs de l'Union rencontrèrent un second problème plus difficile : celui de la répartition des pouvoirs entre le gouvernement national nouvellement créé, et les gouvernements d'Etats déjà existants. Sous le régime de la vieille confédération de 1781, qui ne dura que jusqu'en 1789, la répartition des pouvoirs n'avait pas été heureuse.

Les Etats avaient gardé trop de pouvoirs et le gouvernement de l'Union n'en avait pas reçu suffisamment. Sous ce régime, les Etats particuliers étaient en grande partie comparables à des nations souveraines et indépendantes. Il manquait au gouvernement de l'Union quelques-unes des prérogatives les plus essentielles du gouvernement. Il ne pouvait établir des impôts pour subvenir à ses dépenses propres, mais devait s'en remettre aux contributions volontaires des divers Etats, et ce moyen de remplir le trésor national se révéla tout à fait incertain et insuffisant.

Le gouvernement ne pouvait pas non plus réglementer le commerce des Etats entre eux ni le commerce extérieur; aussi des règlements opposés et contradictoires s'établirent-ils entre les Etats. Il ne disposait d'aucun mécanisme judiciaire ou exécutif pour l'interprétation et l'application de ses propres lois et devait s'en remettre à la bonne volonté des gouvernements d'Etats, si bien que nombre de lois et de traités établis par l'autorité nationale ne furent jamais exécutés. L'expérience prouva qu'une telle union n'était guère autre chose qu'une alliance défensive. Elle était trop faible et inadéquate pour constituer un gouvernement commun. Parmi les fondateurs de la nouvelle Union fédérale qui remplaça la vieille confédération en 1789, l'opinion était unanime touchant la nécessité de donner de larges pouvoirs au gouvernement national, surtout en ce qui concerne la source de ses revenus et l'application de ses propres lois; mais il existait un groupe de délégués représentant les Etats de moindre importance qui désiraient conserver à l'Union son caractère confédéral et préserver, autant que possible, l'égalité et la souveraineté des Etats particuliers. Ils étaient tout disposés à concéder au gouvernement national quelques pouvoirs nouveaux, mais ils ne voyaient pas de raison pour changer les bases de la ligue existante. Ils triomphèrent en partie, car, bien qu'on créât une union plus forte, et que le gouvernement fût pourvu d'une autorité plus adéquate à son rôle, ils réussirent à sauvegarder pour les États certains pouvoirs qui, l'expérience et le temps l'ont bien prouvé, auraient été mieux placés entre les mains du gouvernement central. Ils arrivèrent aussi à obtenir une représentation égale au Sénat fédéral pour tous les Etats, petits et grands. Par suite de ces dispositions et d'autres de même nature, notre Union fédérale présente certains traits qui appartiennent au stage de développement politique représenté par les ligues et les confédérations plutôt qu'au véritable état fédéral. Profitant de notre expérience et n'ayant pas à compter avec le particularisme intense auquel se heurtaient les fondateurs de notre union, quelques-unes des unions fédérales récemment établies ont pu se libérer de ces survivances quelque peu archaïques de l'idée de confédération.

Le principe sur lequel se base la répartition des pouvoirs entre les gouvernements national et d'Etats, ainsi que la méthode employée pour opérer cette répartition, étaient également simples. Les fondateurs s'accordaient sur ce point que tous les pouvoirs gouvernementaux de portée et de nature nationales, et ceux-là seulement, devraient être expressément accordés ou délégués au gouvernement national. La divergence d'opinion se manifestait en ce qui concernait la détermination des pouvoirs de cette catégorie. Telle qu'elle fut enfin adoptée, la Constitution ne donnait autorité au gouvernement national que sur un nombre restreint de matières : les affaires étrangères, la guerre, l'armée et la marine, la réglementation du commerce à l'intérieur entre les différents États, et à l'extérieur, le système monétaire, les brevets d'invention, les droits d'auteurs, les postes et naturellement le droit d'établir des impôts pour les besoins fédéraux. Ainsi on faisait du gouvernement national une autorité de pouvoirs limités et énumérés et qui ne pouvait, par conséquent, exercer aucun pouvoir s'il ne lui avait été expressément délégué par la Constitution où s'il n'était pas impliqué par l'un des pouvoirs ainsi délégués.

Les auteurs de la Constitution firent suivre cette énumération détaillée des pouvoirs du Congrès fédéral par une disposition quelquefois appelée clause « élastique » autorisant le Congrès à faire « toutes les lois nécessaires et convenables » pour appliquer en pratique les pouvoirs qui lui étaient expressément délégués, de même que tous autres pouvoirs dont la Constitution avait investi le gouvernement des Etats-Unis, ses ministres, ou ses fonctionnaires. Le premier Président Marshall, de la Cour suprême, interprétait cette attribution de pouvoir, quelque peu vague, dans un esprit très large et très libéral. Le Congrès, disait-il, était ainsi seul juge du point de savoir quelles lois étaient nécessaires et convenables pour l'exercice des pouvoirs à lui conférés; le Congrès gardait aussi le libre choix des moyens qu'il lui paraîtrait bon d'employer.

En somme, toute législation appropriée ou utile à ce point de vue se trouvait dans les limites des pouvoirs du Congrès. Il n'était pas nécessaire que la loi envisagée fût absolument indispensable. Telle était la doctrine des pouvoirs « implicites » qui a tant contribué à donner quelque souplesse à la Constitution et qui a influé d'une façon très marquée sur l'ensemble de notre développement constitutionnel. Dans un ou deux cas, la Cour suprême, dans son effort pour soutenir la constitutionnalité de certaines lois votées par le Congrès, s'appuya sur ce qu'elle appelait les pouvoirs inhérents du Gouvernement national, c'est-à-dire les pouvoirs découlant de la souveraineté nationale. Mais l'énonciation de cette doctrine souleva une âpre controverse et elle n'a pas été suivie depuis lors. A ce moment, on avait fait remarquer qu'une semblable théorie d'interprétation constitutionnelle, si on la poussait à l'extrême, impliquerait la destruction virtuelle des limitations constitutionnelles aux pouvoirs du Congrès et ferait de celui-ci un corps souverain.

Les pouvoirs spéciaux du Congrès fédéral une fois énumérés, il semblerait qu'on n'eût pas eu besoin de spécifier les points soustraits à leur autorité, attendu que, d'après une règle d'interprétation de la Constitution bien connue, l'attribution de certains pouvoirs spéciaux doit être considérée comme impliquant l'exclusion de tous les pouvoirs non prévus par cette attribution. Mais les auteurs de la Constitution ne voulaient pas, en s'en remettant dans une si large mesure à l'interprétation judiciaire, laisser subsister une échappatoire possible. C'est pourquoi ils insérèrent dans la Constitution une série de clauses prohibitives interdisant au Congrès de légiférer sur divers sujets dont la liste primitive fut grandement augmentée en 1790 par suite de l'adoption des dix premiers amendements à la Constitution. Les fondateurs du nouveau régime ne s'en tinrent pas à ces limitations apportées aux pouvoirs du Congrès national. Dans le but de maintenir les Etats de l'Union dans leur sphère propre, ils leur interdirent ensuite d'exercer certains pouvoirs, par exemple de conclure des traités ou des alliances avec l'étranger, de battre monnaie, d'émettre du papier-monnaie, d'altérer les obligations des contrats, de frapper de taxes les articles d'importation ou d'exportation sans le consentement du Congrès, d'avoir une armée ou une marine permanente, de déclarer la guerre, à moins que leur territoire ne fût en fait envahi, etc... etc... Cette liste fut encore allongée en 1868, par suite de l'adoption du quatorzième amendement interdisant aux Etats de voter des lois destinées à abroger les privilèges ou immunités des citoyens des Etats-Unis, à priver qui que ce soit de vie, de liberté, ou de ses biens en dehors des voies légales ou à refuser l'égale protection des lois à une catégorie quelconque de leurs ressortissants. Ces dispositions avaient pour but d'empêcher les Etats — et particulièrement les Etats du Sud — de voter des lois spéciales dirigées contre les nègres, que l'amendement en question faisait citoyens des Etats-Unis. Mais comme les termes employés ne restreignaient pas expressément leur portée à la race noire, ils sont également applicables aux membres de la race blanche ou d'autres races et même aux sociétés, c'est-à-dire aux personnes morales ou juridiques. Cet amendement eut pour effet de réduire de façon notoire le pouvoir des divers Etats sur les personnes et sur les biens ressortissant des juridictions de leur territoire. Il aboutit aussi, par voie de conséquence, à augmenter le pouvoir de contrôle du gouvernement national qui acquit ainsi le droit d'empêcher les Etats de prendre, en ce qui concerne le droit des personnes ou des biens, des dispositions en violation des interdictions constitutionnelles. Parmi les dispositions de la Constitution, il en est peu que les individus et les sociétés aient invoquées aussi fréquemment que celle-là. Il suffit pour s'en convaincre d'examiner les arrêts de la Cour suprême. Ainsi, lorsqu'un Etat vote une loi pour fixer les tarifs d'une compagnie de chemins de fer pour le transport des personnes ou des marchandises, ou pour limiter le nombre d'heures de travail des employés dans certains établissements, ou pour interdire l'emploi des femmes et des enfants dans certaines entreprises industrielles, ou enfin lorsqu'il vote quelque autre loi considérée comme privant un citoyen de sa liberté ou une société de ses biens en dehors des « voies légales » (*due process of law*) ou comme abrogeant un des privilèges et impunités dont jouit tout citoyen des Etats-Unis, l'individu ou la société qui se déclare lésé en violation de la Constitution peut en appeler à la Cour suprême, et obtenir que la loi d'Etat soit déclarée nulle et non avenue si telle est l'opinion de la Cour.

Depuis 1868, plus de cent lois d'Etat ont eu ce triste sort, et la même destinée en attend sans doute bien d'autres dans l'avenir. De cette façon, un champ d'action très étendu, qui était à l'origine l'apanage des États, a passé sous le contrôle du gouvernement national ou, plus justement, du pouvoir judiciaire. Néanmoins, la Cour suprême adopta tout de suite l'opinion que le quatorzième amendement ne privait pas les Etats particuliers de leurs pouvoirs de police — pouvoir très large et mal défini permettant à l'Etat de prendre des mesures législatives en ce qui concerne le bon ordre, la sécurité, l'hygiène et les bonnes mœurs de la communauté. La Cour suprême a, par suite, déclaré très souvent que les États peuvent voter des lois pour établir des écoles, des salles d'attente ou des compartiments de chemin de fer séparés pour les blancs et les nègres ; et tant que les dispositions prises pour les deux races sont équivalentes, on ne considère pas ces lois comme créant des distinctions et par conséquent comme inconstitutionnelles.

De même, les lois d'Etats qui interdisent le mariage entre citoyens de race blanche et de race noire, ne sont pas opposées au principe de l'égale protection des lois. De même encore, les lois d'Etats qui visent certaines classes particulières, par exemple le monde des mineurs, les membres de certaines professions ou des lois qui visent exclusivement les femmes et les enfants en tant qu'elles s'appliquent également à toutes les personnes d'une même classe et sont destinées à maintenir le bon ordre, l'hygiène ou les bonnes mœurs de la communauté, ne sont pas considérées comme établies en violation du principe constitutionnel de l'égale protection des lois. En d'autres termes, ce principe ne requiert pas que tous les citoyens soient soumis à la même loi; il permet aux législatures d'Etats d'établir, dans la société, une classification basée sur les différences de sexe, de profession, d'affaires et même de race, et de voter des lois pour chacune de ces différentes classes; si ces lois sont raisonnables et ne s'opposent pas au principe de l'égalité des citoyens devant la loi, elles sont inattaquables au point de vue constitutionnel.

En dehors des pouvoirs expressément attribués au gouvernement national et des droits formellement retirés aux Etats, la Constitution fédérale abandonne tous autres pouvoirs aux Etats particuliers. Le domaine des pouvoirs de l'Etat est donc, en quelque sorte, un résidu.

Les droits qu'il n'est pas interdit d'exercer ou qui ne sont pas délégués au gouvernement central appartiennent aux Etats particuliers. Les pouvoirs du gouvernement national sont énumérés dans la Constitution et peuvent, par conséquent, être vérifiés par l'examen du texte constitutionnel. Les pouvoirs des Etats, au contraire, sont des pouvoirs de « réserve », de « résidu » et ne peuvent être déterminés que par addition ou par soustraction. — Ils sont très étendus — beaucoup plus étendus et variés que les pouvoirs du gouvernement national. Ils embrassent la plus grande partie du champ du droit criminel et du droit civil, y compris la réglementation des contrats, les rapports entre employeurs et employés, les relations de famille, le mariage et le divorce, le droit commercial, l'enseignement, l'industrie, le travail, la religion, la presse, le droit de réunion et d'association et enfin l'hygiène publique, l'ordre et la sécurité.

En dehors de la répression des crimes commis en violation du droit fédéral et des crimes perpétrés soit dans les régions qui ne sont pas encore entrées dans l'Union, soit en haute mer, le gouvernement national n'a pas de juridiction criminelle, et en dehors de la réglementation du commerce entre les Etats et du commerce extérieur, il n'a aucun contrôle sur l'industrie et le travail, sinon dans ses propres entreprises.

Le domaine de l'activité fédérale est donc très réduit et les affaires ordinaires et individuelles échappent à son pouvoir de réglementation ou de contrôle. En fait, il arrive rarement qu'un citoyen entre en relation avec le gouvernement national ou même aperçoive un fonctionnaire fédéral, sauf quand il entre au bureau de postes pour acheter un timbre, ou reçoit la visite d'un percepteur fédéral qui l'invite à payer l'impôt sur le revenu ou encore quand il demande un passeport pour voyager à l'étranger.

Par contre, il est en contact presque journalier avec les pouvoirs d'Etat. C'est l'Etat particulier dans lequel il réside qui réglemente ses affaires, sa profession, son industrie. Il est inscrit à sa naissance sur les registres de son Etat, son instruction se fait presque entièrement dans une école entretenue par l'Etat ; s'il commet un crime (à moins qu'il ne s'agisse d'un crime contre le droit fédéral), il est poursuivi et puni par l'Etat; c'est le droit de l'Etat qui régit son mariage et, s'il y a lieu, son divorce, etc... Il serait absolument impossible d'énumérer les multiples manifestations de l'activité des gouvernements d'Etats sans énumérer toutes les relations commerciales, sociales et économiques qu'entraîne la vie. La répartition de l'autorité entre les gouvernements des Etats et le gouvernement national, se basait sur le principe que seule la réglementation des matières d'intérêt national ou international devrait être confiée au gouvernement national, tandis que toutes les questions d'intérêt local seraient abandonnées aux Etats particuliers qui les organiseraient chacun d'après ses idées propres, ses besoins locaux et ses conditions particulières. Il y avait unité d'opinion parmi les fondateurs de la République quant à la solidité de ce principe, et la démarcation qu'ils tracèrent entre les pouvoirs nationaux et locaux était suffisamment précise à cette époque. Chaque Etat particulier était une communauté se suffisant à elle-même et n'entretenant avec ses voisins que des relations peu nombreuses et peu compliquées; il y avait probablement moins de rapports, à cette époque, entre les Etats de la Caroline du Nord et de la Caroline du Sud qu'il n'y en a aujourd'hui entre l'Amérique et la Chine; la population d'un Etat particulier limitait à cet Etat la plus grande partie de son activité commerciale. Mais le progrès du sentiment national et le resserrement des liens des Etats, par suite du développement des facilités modernes de communication et d'échange, eurent pour résultat de transformer entièrement ces conditions quelque peu primitives.

Les lignes de démarcation qui séparent les Etats les uns des autres ont perdu la signification qu'elles avaient il y a 130 ans. Tandis qu'au point de vue politique l'Union demeure un groupement d'Etats séparés et en grande partie indépendants, au point de vue du commerce, de l'industrie et des relations économiques, les Etats-Unis sont devenus une unité où les nombreuses lignes de démarcation que l'on voit sur la carte ne signifient rien ou presque rien. De nombreuses industries, telles que les assurances, les transports, les fabriques, et même diverses formes de production qui jadis étaient purement locales, se sont étendues à tout le pays. Dans ces circonstance nouvelles, il est devenu de plus en plus évident que la répartition primitive des pouvoirs entre la Nation et les Etats n'est plus conforme aux conditions dans lesquelles la Constitution doit être appliquée aujourd'hui. De nombreuses matières qui, en 1790 n'étaient que d'intérêt local, et s'accommodaient de la diversité de réglementation, sont devenues d'intérêt national et exigent des règles uniformes. Nous avons quarante-huit codes différents de droit criminel de mariage et de divorce, d'assurance, de droit commercial, de contrats, d'association, etc... Par exemple, une compagnie d'assurance qui a son siège social à New-York, mais fait des affaires dans tous les États, comme c'est le cas de la plupart des compagnies d'assurances, doit se conformer aux différentes lois de tous les Etats avec lesquels elle est en relation d'affaires.

Les lois sur le divorce sont très strictes dans certains Etats, et beaucoup moins sévères dans certains autres, si bien qu'un mari ou une femme habitant le Massachusetts et qui désire mettre fin à son mariage, peut aller établir sa résidence dans le Nevada pour une courte durée et y obtenir facilement le divorce, après quoi il lui sera possible de retourner dans le Massachusetts et de contracter un nouveau mariage. Cet état de choses a donné naissance à ce que nous appelons en Amérique le scandale du « divorce migrateur ». De même, une ligne de chemins de fer qui traverse le continent doit se plier aux diverses lois des Etats où il s'établit. Certains Etats ont voté des lois interdisant le travail des enfants dans les usines et autres établissements de même genre, tandis que d'autres Etats autorisent leur emploi dans des conditions dangereuses pour leur santé et leur développement normal. Il y a quelques années, le Congrès, poussé par la meilleure partie de l'opinion publique que choquait l'existence de semblables conditions, entreprit de remédier à ce fâcheux état de choses. N'ayant pas le pouvoir d'interdire l'emploi des enfants dans les usines, il vota, en vertu de son droit de réglementation commerciale, une loi qui interdisait le transport d'un Etat dans l'autre de tout article fabriqué dans des usines où l'on emploierait des enfants au-dessous d'un certain âge. Mais la Cour suprême déclara que cette loi était inconstitutionnelle parce qu'elle constituait un empiètement sur l'autorité des Etats et non un exercice régulier du pouvoir reconnu au Congrès de réglementer le commerce. Au point de vue du droit constitutionnel, cet arrêt était sans doute bien fondé, mais le vote même de la loi était une preuve de la tendance qui se manifeste en faveur de la réglementation par le gouvernement national de nombreuses matières que la Constitution considérait comme faisant partie du domaine des Etats.

On réclame de plus en plus l'unification du droit commercial, du droit de mariage et du divorce, mais les Etats particuliers sont seuls compétents en ces matières et le Congrès n'a pas reçu de la Constitution le droit d'intervenir sur ces points.

On pourrait changer la Constitution et donner au Congrès le pouvoir qui lui manque, mais la difficulté que présenterait l'adoption d'un tel amendement ne laisse subsister que peu d'espoir de ce côté. Le seul autre moyen d'obtenir la réforme réside dans l'action combinée des différents Etats, et fort heureusement on a déjà réalisé quelques progrès de cette façon. Un certain nombre de lois importantes ont été adoptées dans beaucoup d'Etats, grâce à l'activité de commissions semi-officielles, appelées «commissions on uniform laws» (commission pour l'uniformisation des lois) qui réunissent des projets de lois uniques sur des sujets divers et les soumettent à l'examen des législatures d'Etat. C'est ainsi qu'une loi uniforme sur les effets de commerce a été votée par les législatures de tous les Etats. — De même, une loi uniforme sur les warrants a été adoptée par 33 Etats. D'autres lois uniformes, de nature commerciale, ont été votées par un très grand nombre d'Etats et d'autres encore ont été proposées. Mais c'est manifestement une tâche longue et difficile que d'obtenir ainsi l'unification de la loi dont le besoin se fait sentir sur tant de points, car on ne parvient pas aisément à persuader 48 législatures d'Etats différentes d'adopter la même loi. Nous ressentons surtout le besoin d'une nouvelle répartition des pouvoirs entre la Nation et les Etats, qui permette au Congrès de légiférer sur les matières qui nécessitent l'uniformité de réglementation, mais que les auteurs de la Constitution avaient abandonnées aux Etats. Les unions fédérales de création plus récente ont profité de notre expérience à ce point de vue. Ainsi, dans les fédérations allemande, canadienne et australienne, le pouvoir de légiférer sur certaines matières telles que le commerce, les assurances, le mariage et divorce, et même le droit criminel a été confié aux Législatures centrales. Ces fédérations ont ainsi évité les inconvénients qui résultent de la diversité extraordinaire de nos lois sur des sujets qui devraient être réglementés par une loi générale.

En même temps s'est développé chez nous un mouvement dont M. Roosevelt s'est fait l'ardent défenseur vers la fin de sa vie et que l'on désigne sous le nom de « nouveau nationalisme. » Ce mouvement se fonde sur la croyance que les nouvelles conditions industrielles, économiques et sociales qui existent aujourd'hui ont rendu nécessaire un renforcement du contrôle national. Quelques Etats ne sont pas encore parvenus à se rendre un compte exact de leurs devoirs envers l'ensemble de leurs concitoyens : ils ont autorisé et toléré l'existence de conditions que condamnait la partie plus éclairée de l'opinion publique ; d'autres se sont montrés incapables de résoudre d'une façon satisfaisante certains grands problèmes que la Constitution fait dépendre d'eux, mais qui sont en fait d'un portée nationale. — M. Roosevelt, M. Root et d'autres leaders républicains ont préconisé une interprétation si large et si libérale de la Constitution qu'elle permettrait au Congrès d'assumer le pouvoir de réglementer diverses matières qui, jusqu'ici, étaient considérées comme relevant de l'autorité des Etats. Mais cette proposition fut violemment attaquée, non seulement par le parti démocrate, qui s'est toujours fait le champion des droits des Etats particuliers, mais aussi par de nombreux membres du parti républicain qui voient avec défaveur toute tentative de priver les Etats de leur autonomie, surtout quand cette réforme doit se faire au moyen de l'interprétation de la Constitution.

Néanmoins, il y a eu en fait, pendant ces dernières années, une extension tout à fait remarquable de l'autorité fédérale sur des domaines qui étaient considérés à l'origine comme relevant de l'autorité des Etats, et cette extension ne s'est pas produite au moyen d'un amendement formel de la Constitution, mais grâce à l'interprétation libérale des pouvoirs du Congrès, en particulier de son pouvoir de réglementation du commerce entre Etats et du commerce extérieur. Par exemple, le Congrès a voté des lois pour interdire les monopoles et les organisations qui réduisent la liberté commerciale, pour protéger le public contre les nourritures, les drogues et les boissons malsaines, des lois sur l'inspection de la viande, des lois pour la suppression des loteries, de la traite des blanches, pour la protection des des oiseaux migrateurs, etc., etc., et la Cour suprême s'est prononcée pour la constitutionnalité de cette législation, bien que certaines de ces lois constituent sans doute un empiètement sur les droits des États tels qu'on les comprenait à l'origine. Cette tendance vers la centralisation fédérale, ou nouveau nationalisme, comme M. Roosevelt l'appelait de préférence, a été très marquée pendant ces dernières années. Dans l'ensemble, ce mouvement a rencontré l'approbation du pays tout entier, et il ira certainement en s'accentuant dans l'avenir, car les conditions nouvelles qui existent maintenant rendent de plus en plus évidente la nécessité d'une réglementation nationale, si l'on veut résoudre d'une façon satisfaisante nombre de problèmes qui se posent aujourd'hui devant la République.

Poursuivant cette analyse de notre système fédéral, je remarquerai que la Constitution des Etats-Unis garantit aux Etats, en tant que membres de l'Union, certains droits et privilèges dont le gouvernement national ne peut les priver sans leur consentement.

Ainsi ils ont droit à l'égalité de représentation au Sénat, quelle que soit leur importance et le chiffre de leur population. En conséquence, l'Etat de Nevada qui a moins de 100.000 habitants, envoie deux sénateurs à Washington, et l'Etat de New-York avec ses 10.000.000 habitants n'a également que deux sénateurs. Cette injustice manifeste évoque le souvenir du système des « bourgs pourris » qui existait en Angleterre il y a une centaine d'années. Il faut y voir l'un des « compromis » de la Constitution ; les petits États réclamaient l'adoption de cette garantie et ne voulaient se rallier à la Constitution qu'à cette condition. La Constitution déclare même qu'aucun amendement ne pourra supprimer cette garantie, si bien que même un vote unanime de la Nation serait impuissant à l'altérer. De cette façon, les fondateurs de la Constitution non seulement furent obligés de sanctionner une injustice manifeste à l'égard des grands États, mais encore se chargèrent de priver pour toujours le peuple américain du pouvoir d'abolir cette injustice. Une autre garantie constitutionnelle qui témoigne d'un respect exagéré et retardataire pour ce qui était jadis considéré comme la souveraineté des États, est celle qui se trouve formulée dans le onzième amendement qui soustrait un État particulier aux poursuites qui pourraient être engagées contre lui par un citoyen d'un autre État ou d'un pays étranger. On peut douter de la sagesse de cette déférence excessive pour la dignité des États : elle permet à un État de répudier ses dettes publiques, s'il le désire, auquel cas le créancier étranger qui peut être victime de la malhonnêteté de cet État, n'aura pas accès aux tribunaux fédéraux. Son seul recours consiste à engager un procès devant les tribunaux de l'État qui a ainsi répudié ses obligations ; mais ces poursuites ne peuvent être engagées qu'avec le consentement de l'État lui-même, et si le demandeur réussit à obtenir un jugement en sa faveur, la législature d'État est encore libre de refuser le versement de l'indemnité attribuée. Des exemples de cette nature se sont malheureusement produits en fait dans quelques-uns des États qui répudièrent ainsi leurs dettes.

La Constitution garantit également l'intégrité territoriale des divers Etats au moyen d'une disposition qui interdit l'organisation de nouveaux Etats sur un territoire appartenant à des Etats actuellement existants sans le consentement de ceux-ci. Ainsi l'immense État du Texas, aussi vaste qu'une douzaine de petits Etats, ne pourrait être subdivisé sans son propre consentement.

La Constitution impose aussi au gouvernement fédéral le devoir de protéger les différents Etats contre l'invasion étrangère, et cela à juste titre puisqu'il leur est interdit d'entretenir une armée ou une marine permanente, et puisque une attaque contre l'un quelconque des Etats équivaudrait à une attaque contre l'Union. C'est aussi le devoir du gouvernement national de protéger l'Etat dont le gouverneur ou la législature en fait la demande contre des troubles intérieurs, émeutes ou guerres civiles, lorsque ces troubles ont atteint des proportions telles que les autorités locales sont impuissantes à les maîtriser. Bien souvent, au cours de notre histoire, les gouverneurs ont fait appel au Président de la République pour qu'il leur assurât la protection des troupes fédérales, particulièrement en cas de désordres graves provoqués par des grèves étendues. Mais, en aucun cas, le Président ne peut intervenir légalement pour réprimer des désordres de ce genre, en l'absence d'une requête émanant des autorités de l'État, à moins que les désordres dont il s'agit ne constituent une entrave aux services du gouvernement national, tels que le service des postes ou des chemins de fer communs à plusieurs Etats. Dans ces derniers cas, le Président peut intervenir sans attendre que le gouverneur de l'Etat ait recours à lui. Ainsi en 1894, le Président Cleveland envoya les troupes fédérales dans l'Etat d'Illinois, pour empêcher un groupe de cheminots grévistes d'entraver le service des postes et le mouvement commercial entre les Etats. Le gouverneur de l'Etat, dont les sympathies allaient aux grévistes, protesta vigoureusement contre l'acte du Président et le dénonça comme une ingérence injustifiable dans les affaires intérieures de son Etat ; mais l'attitude du Président recueillit l'approbation de l'opinion publique du pays entier, et sa constitutionnalité fut affirmée par la Cour suprême.

Enfin, la Constitution impose au gouvernement national la charge de garantir à chaque Etat un gouvernement républicain. Madison, parfois appelé « Père de la Constitution», définissait, en 1789, le gouvernement républicain comme un gouvernement tirant ses pouvoirs directement ou indirectement du peuple tout entier. Il le distinguait à la fois de la démocratie pure et directe, d'une part, et de la monarchie d'autre part. Si, par exemple, un parti politique partisan de l'abolition *in toto* du système représentatif du gouvernement et de son remplacement par un régime de démocratie directe ou de monarchie s'emparait du pouvoir, dans un des Etats, et se mettait en devoir d'y établir l'une ou l'autre de ces formes de gouvernement, le gouvernement national devrait intervenir et s'y opposer. Auquel des trois grands pouvoirs fédéraux cette charge incombe-t-elle ? La question a été soulevée plusieurs fois à propos des controverses engagées sur le point de savoir lequel des deux gouvernements rivaux et opposés est le gouvernement légal dans un Etat particulier. La Cour suprême a déclaré chaque fois qu'il ne lui appartenait pas de décider de cette question, attendu qu'elle ne relève pas des autorités judiciaires mais qu'elle est du ressort soit du pouvoir exécutif, soit du pouvoir législatif. Un exemple de ce genre se produisit en 1842 dans l'Etat de Rhode-Island, où deux gouvernements rivaux prétendaient chacun être le seul gouvernement légal. Le Président reconnut l'un des deux et lui prêta son appui. D'autre part, à l'issue de la guerre de Sécession, ce fut le Congrès qui réorganisa les gouvernements des Etats du Sud, en se basant sur ce que ces gouvernements n'étant pas « républicains » de nature, la charge de les réorganiser incombait au pouvoir législatif et non au Président.

Avant d'abandonner ce sujet, je tiens à signaler une différence frappante entre les unions fédérales d'Amérique et d'Allemagne. En Allemagne, le pouvoir central ne possède que peu de moyens d'action pour assurer l'exécution de ses propres lois ou la perception de ses propres revenus. A ce point de vue, on s'en est remis complètement aux gouvernements des Etats particuliers qui accomplissent ces fonctions sous la surveillance des autorités centrales. Au contraire, en Amérique, le gouvernement national a ses propres moyens d'action, ses propres fonctionnaires et ses propres tribunaux, tous parfaitement distincts et séparés de ceux des Etats particuliers. En conséquence, le gouvernement national veille à l'application de ses propres lois, dirige ses propres affaires, et perçoit ses propres revenus; il ne s'en remet aux gouvernements d'États pour l'accomplissement d'un des devoirs qui lui incombent qu'en de rares occasions, par exemple, lorsqu'il autorise les États à accorder aux étrangers des certificats de naturalisation.

De même que les Etats jouissent de quelques privilèges et immunités en tant que membres de l'Union, de même ils sont tenus, à ce titre, à de certains devoirs et obligations.

Ensemble, ils forment l'Union dont l'existence même dépend de l'accomplissement scrupuleux, par les Etats, des devoirs et des obligations qui leur incombent. La guerre de

Sécession aboutit à régler définitivement les vieilles questions qui avaient agité l'Union à une certaine époque ; entre autres, la question de savoir si un Etat pourrait se retirer de l'Union, ou bien continuer à en faire parti, tout en refusant de se plier à ses lois ; en d'autres termes, la question de savoir si un Etat pourrait annuler une loi fédérale. La Cour suprême avait déclaré que l'Union était « indestructible » et qu'aucun acte législatif d'Etat, visant à une séparation ou à l'annulation d'une loi des Etats-Unis, ne saurait être tenu pour validé. Mais si les Etats le désiraient, ils pourraient parvenir à détruire l'Union, sans s'en séparer, simplement en refusant d'accomplir leurs devoirs constitutionnels. Ils obtiendraient ce résultat, par exemple en refusant d'élire le Président, les sénateurs et les représentants au Congrès, et il serait impossible de les obliger à s'acquitter de ce devoir essentiel.

En tant que membre de l'Union, chaque Etat est obligé, de par la Constitution, de traiter les citoyens des autres Etats comme les siens propres. Sous notre régime fédéral, chaque individu, ainsi que je l'ai dit, jouit d'une double qualité de citoyen et a une double obligation de fidélité vis-à-vis de l'Union d'une part, et d'autre part, de l'Etat particulier dans lequel il réside. Comme citoyen des Etats-Unis, il jouit de certains droits, privilèges et immunités qu'aucun Etat ne peut dénier ou restreindre. Le citoyen d'un Etat qui établit sa résidence ou ses affaires dans un autre Etat ne peut faire l'objet de mesures restrictives spéciales en ce qui concerne la jouissance de ses droits civils, sous prétexte qu'il est citoyen d'un Etat différent ; en somme, il est sur un pied d'égalité avec les citoyens de l'Etat dans lequel il se trouve temporairement ou bien où il fait des affaires.

Chaque Etat est, de même, tenu, de par la Constitution, de reconnaître pleine validité et force obligatoire aux actes publics, règlements et décisions judiciaires de chacun des autres Etats. Cela ne veut pas dire que les lois et les décisions judiciaires d'un Etat s'imposent à tous les autres Etats : cela signifie seulement, par exemple, qu'un mariage valablement contracté dans un Etat doit être tenu pour légal dans tous les autres, et qu'un jugement prononcé par le tribunal d'un Etat doit être accepté et exécuté dans un autre Etat, si les droits de la personne au profit de laquelle il a été prononcé dépendent de cette exécution. Parmi les dispositions de la Constitution, il s'en trouve peu qui aient plus fait pour le rapprochement et l'Union véritable des Etats que celles relatives à cette commune citoyenneté, à la reconnaissance mutuelle par chaque Etat des actes publics et des décisions judiciaires des autres Etats.

La Constitution oblige aussi chaque Etat, si la demande lui en est faite, à livrer les coupables qui tentent d'échapper à la justice en quittant un Etat pour se réfugier dans un autre. Mais la Constitution n'a malheureusement prévu aucun moyen d'exiger l'exécution de l'extradition ; elle reste donc une obligation purement morale. En fait, il est arrivé fréquemment que des gouvernements d'Etat refusent, pour une raison quelconque, de livrer des criminels réfugiés dans leur Etat, et on n'a jamais découvert de moyen de les obliger à remplir le devoir que la Constitution leur impose.

Je puis signaler à ce propos une autre différence importante entre notre union fédérale et celle d'Allemagne. Sous le régime de la précédente Constitution de l'empire allemand, un Etat particulier qui refusait d'accomplir ses devoirs constitutionnels de membre de l'Union, pouvait y être obligé, grâce au pouvoir « d'exécution fédérale » qui pouvait être décrétée par le Bundesrath et appliquée par l'Empereur. Aux Etats-Unis au contraire, c'est un principe de droit constitutionnel qu'un Etat ne peut être obligé *manu militari* à exécuter ses devoirs de membre de l'Union. Les auteurs de la Constitution avaient entamé la discussion de cette question, mais ils l'écartèrent par crainte du danger que leur paraissait présenter l'attribution au gouvernement national d'un pouvoir coercitif. — C'est cette crainte que Madison exprima dans la convention de 1787, lorsqu'il fit observer que l'emploi de la force contre l'un des Etats équivaudrait à une déclaration de guerre et serait probablement considéré par l'Etat attaqué comme entraînant la dissolution de l'Union. Mais de cette absence de pouvoir coercitif, il ne suit pas qu'un Etat soit libre de défier l'Union, de faire obstacle à l'exécution des lois ou de commettre impunément des actes que la Constitution leur interdit d'accomplir. La Constitution et les lois des Etats-Unis sont le droit suprême du pays, et toutes Constitutions, lois ou décisions des Etats qui leur sont contraires n'ont par suite ni force ni validité. Par exemple, si un Etat votait une loi à l'effet de priver un individu de ses droits de citoyen des Etats-Unis, la Cour suprême déclarerait simplement que cette loi est inconstitutionnelle et aucune coercition ne serait nécessaire, à moins que les autorités de l'Etat ne refusent de se plier à l'arrêt de la Cour; dans ce cas, le Président se verrait obligé de recourir à la force armée si son emploi était nécessaire pour faire respecter la décision de la Cour. La Cour suprême a déclaré, dans un procès célèbre, que le gouvernement des Etats-Unis est fondé, en droit, à assurer l'application de ses propres lois sur tous les point du domaine national. Si donc la population ou les autorités d'un Etat s'opposaient à ces lois ou essayaient d'en empêcher l'exécution, le gouvernement national aurait le droit et le devoir de supprimer la résistance. Mais cela n'implique pas l'exercice d'un pouvoir coercitif contre l'Etat en tant que tel; il s'agit simplement d'assurer l'application de la loi en dépit de ceux qui lui résistent et c'est cette résistance qui motive l'emploi de la force.

Tel est le système fédéral des Etats-Unis. Naturellement, la plupart des Américains le considèrent comme le meilleur régime qui soit, tout au moins en ce qui les concerne. Ce système présente, sans aucun doute, certains avantages si on le compare au régime unitaire en vigueur dans la plupart des pays d'Europe et qui d'ailleurs, a lui aussi, à d'autres points de vue, des avantages non moins douteux. Le mérite principal de ce régime est qu'il réunit les avantages des systèmes de gouvernement central et de gouvernement local sous une souveraineté commune. C'est le seul régime qui permettre d'unir un groupe de communautés d'intérêts, de nature et de conditions très dissemblables, de telle sorte qu'elles puissent charger un gouvernement unique d'administrer leurs affaires communes, tout en conservant chacune son gouvernement propre pour l'administration des matières locales. C'est, en somme, un système qui concilie les avantages de la centralisation avec ceux du gouvernement local et qui permet de maintenir en équilibre les tendances centrifuges et centripètes dans un pays d'intérêts et de conditions si variés.

C'est la seule forme de gouvernement acceptable dans une vaste contrée comme les Etats-Unis où se rencontrent des stades de civilisation si divers et une si grande variété de besoins ainsi que de conditions économiques et sociales. Le régime de centralisation qui vous paraît, en France, le mieux adapté à vos conditions, serait inopérant chez nous.

Le pays est trop étendu et la diversité des conditions locales trop grande pour que le gouvernement puisse être complètement centralisé à Washington. Le tenter, serait probablement provoquer la dissolution de l'Union. D'autre part, la tâche qui incomberait ainsi au gouvernement central de Washington l'écraserait de son poids énorme. Dans ces conditions, les intérêts locaux seraient négligés ou mal administrés. C'est une vérité évidente que Rousseau a formulée en disant que « l'administration devient plus difficile à de grandes distances, de même qu'un poids se fait plus lourd à l'extrémité d'un long levier ». Il disait aussi qu'un gouvernement si éloigné du théâtre de ses opérations rencontre plus de difficultés pour appliquer les lois, prévenir les abus et empêcher les manœuvres séditieuses, et que le peuple a moins d'attachement pour un gouvernement dont le siège est si éloigné. Il y a, en Amérique, certaines affaires d'intérêt commun qui peuvent être gérées par un gouvernement commun ou réglementées par une loi générale ; mais il y a un nombre beaucoup plus considérable de matières qui ne se prêtent pas aussi bien à ce genre d'administration. D'après la conception américaine du gouvernement local, chaque communauté particulière doit régler à son gré les questions purement locales et adapter son droit local (y compris le droit criminel) à ses conditions et à ses besoins particuliers.

Mieux qu'aucun autre, le régime fédéral reconnaît ce principe et en permet la réalisation. Montesquieu disait en se référant à ce système : « Il est fort probable que les hommes auraient été obligés de vivre enfin constamment sous l'autorité d'une seule personne, s'ils n'avaient inventé un genre de Constitution qui joint aux avantages du gouvernement républicain, la force extérieure de la monarchie je veux dire une République confédérée ».

De Tocqueville, qui a vu fonctionner ce régime en Amérique, le vantait comme « l'une des combinaisons les plus favorables à la prospérité et à la liberté de l'homme » et il ajoutait : « J'envie le sort des nations qui ont pu l'adopter ». L'écrivain anglais Sidgwick prédisait que le système fédéral était destiné à être adopté de plus en plus, même en Europe occidentale ; un auteur allemand, Brie, y voyait la réalisation la plus élevée de l'idée d'Etat et Westerkamp qui avait, comme Brie, fait une étude spéciale du gouvernement fédéral, insistait sur sa supériorité et appelait l'attention sur le fait que ce régime s'est étendu au point d'être en vigueur aujourd'hui dans des pays dont la superficie totale est égale à trois fois celle de l'Europe.

Mais après avoir dit tout ce qui peut être dit en faveur du régime fédéral, il faut admettre qu'il ne va pas sans un certain nombre de défauts et de faiblesses que la complexité croissante des conditions économiques et politiques modernes ont accentués et mis de plus en plus en lumière. Quelques-unes de ces faiblesses sont inhérentes au régime fédéral ; d'autres sont particulières à l'Amérique et résultent du type spécial de fédéralisme adopté par les Américains. Elles ont été signalées par de nombreux écrivains notamment par de Tocqueville, Dicey, Bryce, Boutmy, etc.

En premier lieu, le système fédéral tel qu'il existe en Amérique, a parfois fait preuve d'une certaine faiblesse dans la conduite des affaires étrangères, particulièrement à l'égard de l'exécution des obligations résultant de traités. Ainsi, le gouvernement national a souvent rencontré des difficultés pour l'exécution de traités garantissant aux étrangers le droit de propriété foncière aux Etats-Unis, ou leur promettant protection pour leurs droits personnels et leurs droits de propriété. Ces difficultés s'expliquent par cette circonstance que, sous notre régime fédéral, les modalités du droit de propriété et l'administration du droit criminel sont de la compétence des Etats particuliers.

Par conséquent, si un étranger est maltraité ou souffre de dommages relatifs à sa personne ou à ses biens, il doit demander réparation aux tribuanux ou aux pouvoirs publics de l'Etat, puisque les cours fédérales sont incompétentes en la matière. Des gouvernements étrangers se sont parfois plaints de ce que, au cas où les nationaux étaient victimes de dommages causés en violation des clauses d'un traité, on leur répondait que notre régime ne connaît pas compétence aux pouvoirs nationaux et qu'on les engageât à demander réparation aux gouvernements d'Etat alors que le traité violé avait été passé par le gouvernement national et non par l'Etat. Dans un certain nombre de cas où des étrangers ont été victimes de violences populaires (de loi de lynch suivant l'expression américaine), le Congrès a voté une somme d'argent pour indemniser les victimes ou leurs héritiers, mais il a chaque fois décliné toute responsabilité quant aux dommages causés et à l'obligation de payer une indemnité aux étrangers qui en ont été victimes. Il est vrai que ce défaut n'est pas inhérent au régime fédéral, mais résulte simplement d'une mauvaise répartition des pouvoirs entre le gouvernement national et ceux des Etats. Le remède qui s'impose consisterait à donner compétence au gouvernement national pour toutes les questions impliquant les droits des étrangers, au lieu d'abandonner ces matières à la juridiction des Etats. Ce remède a trouvé des partisans au Congrès et a été approuvé dernièrement par l'Association des Avocats américains, mais jusqu'ici l'opposition dirigée contre une mesure qui paraît constituer un empiètement sur les droits sacrés des Etats a empêché son adoption.

Un autre défaut du régime fédéral en général, et du nôtre en particulier, c'est qu'il a pour résultat une trop grande diversité de législation. Ainsi que je l'ai déjà indiqué au cours de cette conférence, la diversité des lois en ce qui concerne des matières comme le mariage et le divorce, les assurances, le commerce et les affaires importantes qui sont devenues d'intérêt national, a eu des conséquences très fâcheuses dont la gravité ne peut que s'accentuer à mesure qu'augmente la complexité de notre vie économique et sociale.

Là encore, il ne s'agit pas d'un défaut inhérent au régime fédéral, mais d'une conséquence de la mauvaise répartition des pouvoirs entre l'Union fédérale et les Etats.

Il ne serait donc pas nécessaire pour y remédier d'abolir le régime fédéral. Il suffirait qu'un amendement à la constitution vînt donner au Congrès le droit de légiférer sur ces questions. Dans les unions fédérales plus récentes comme celles d'Allemagne, du Canada et d'Australie, on a évité ce défaut en conférant les pouvoirs en question au gouvernement central au lieu de les laisser aux législatures locales. J'ose dire que l'examen du régime fédéral prouve que la plupart des défauts qu'on lui attribue, proviennent moins d'une faiblesse inhérente à la nature même de ce régime, que d'une mauvaise répartition des pouvoirs entre les autorités centrales et locales.

D'autres défauts, d'autres faiblesses encore ont été attribués au régime fédéral. De ces défauts, les plus graves peut-être tiennent aux frais, retards et au danger des conflits de pouvoirs dus à la complexité d'un système double où se superposent deux catégories de pouvoirs, de tribunaux, et d'obligations vis-à-vis des autorités centrales et locales. Il faut reconnaître qu'un régime semblable est un peu lourd, difficile à manier, et parfois impuissant, parce que la division des pouvoirs entraîne nécessairement des faiblesses et des retards.

Guizot disait sans doute vrai lorsqu'il affirmait que le gouvernement fédéral est, de tous les régimes, le plus difficile à établir et à appliquer efficacement. Au début de notre histoire, quelques conflits de pouvoirs se sont produits, dont certains étaient graves ; mais avec le temps, les domaines respectifs des pouvoirs nationaux et d'Etats furent soigneusement et nettement délimités par la Cour suprême, ce qui fit disparaître le danger de heurts et de conflits : depuis longtemps, nous n'en n'avons plus eu d'exemples. Notre Cour suprême, en sa qualité d'arbitre placé au-dessus des pouvoirs de l'Union et de ceux des Etats, capable de les restreindre et de les limiter chacun à la sphère propre que leur a assignée la Constitution, a heureusement réussi à nous préserver de conflits qui, sans elle, auraient pu se montrer dangereux et destructifs. Lord Bryce a signalé d'autres points du régime fédéral qui lui paraissaient constituer des faiblesses : par exemple, le fait que l'Union est passible de dissolution en cas de séparation ou de révolte des Etats qui la composent, et le fait que le pays peut se diviser en sections. Ce danger a été réel autrefois, puisqu'il provoqua une grande guerre civile entre le Nord et le Sud, mais on peut se demander s'il y a là une conséquence du système fédéral. Le même danger n'existe-t-il pas aussi et même à un plus haut degré dans les pays dont toutes les parties sont unies sous un régime unitaire et ne conservent que peu d'autonomie constitutionnelle lorsqu'elles n'en sont pas complètement privées.

Il serait futile de hasarder des prédictions quant à l'avenir du régime fédéral. Certains n'y voient qu'une forme transitoire de gouvernement née de la nécessité et établie bien plutôt pour assurer la défense commune qu'en raison de ses mérites inhérents, système destiné à être remplacé ultérieurement par le régime plus fort et plus efficace de l'Etat unitaire, de même que le type autrefois si répandu de l'union confédérée s'effaça devant le régime plus perfectionné de l'Union fédérale.

Mais l'histoire ne justifie guère cette opinion. Au contraire, toutes les indications que l'on peut recueillir font prévoir l'extension du régime fédéral dans le monde entier. L'adoption de ce système semble devoir être la seule solution logique pour quelques-uns des vastes problèmes qui se posent à certaines grandes puissances telles que l'Angleterre. En France même, le mouvement régionaliste qui se fait jour paraît se fonder, dans une certaine mesure, sur le principe du fédéralisme.

Parmi les pays qui ont adopté le système fédéral, aucun jusqu'ici n'y a renoncé; au contraire, certains Etats jadis unitaires comme l'Allemagne, le Mexique, le Brésil, se sont transformés en unions fédérales, ce régime leur paraissant se recommander par ses avantages.

Quels que soient ces défauts, quel que doive être son avenir, le système fédéral s'adapte admirablement à un vaste continent, comme celui des Etats-Unis, avec ses conditions si diverses, ses intérêts hétérogènes, et la variété des coutumes et des usages locaux qu'on y rencontre. Les Américains sont naturellement persuadés qu'aucun autre régime ne conviendrait aussi bien à cet état de choses. Il s'en trouve certains pour croire que la répartition primitive des pouvoirs entre la nation et les Etats qu'établit la Constitution ne s'adapte plus, à certains points de vue, aux conditions présentes. Les partisans de cette opinion voudraient remédier à ce défaut par une nouvelle répartition des pouvoirs qui enlèverait aux Etats leurs attributions en certaines matières pour la donner au gouvernement national. Mais ce projet est loin de rencontrer l'unanimité.

On peut affirmer avec certitude que personne ne voudrait aller jusqu'à ébranler le principe général sur lequel repose le système fédéral. Autant qu'on peut le prévoir, il restera toujours la base de l'Union américaine.

CHAPITRE IV

Le Président des États-Unis

A la suite de l'expérience malheureuse faite par les fondateurs de la République pendant la période de l'ancienne Confédération (1781-1789), ceux-ci furent unanimes sur la nécessité d'instituer un pouvoir exécutif national. En conséquence, ils décrétèrent que le pouvoir exécutif serait confié à un président, dont les attributions furent largement copiées sur celles des exécutifs d'Etat déjà existants. Toutefois, il y eut divergence d'opinion quant au mode de désination du Président, et aucune autre question n'absorba davantage le temps de la Convention qui élabora la Constitution.

Comme les gouverneurs des Etats étaient, à l'époque, généralement élus par leurs législatures, l'élection du Président par le Congrès — la méthode que vous avez adoptée en France en 1875 — se recommandait naturellement aux auteurs de notre Constitution. En fait, elle fut, tout d'abord, adoptée à l'unanimité par la Convention. Mais, plus tard, ayant inscrit dans la Constitution le principe de la séparation des pouvoirs qui exigeait que le Président fût indépendant de la législature en ce qui concerne son élection et la durée de son mandat, la Convention comprit que l'élection par le Congrès était tout à fait incompatible avec la théorie du gouvernement « présidentiel » qu'elle se proposait d'établir. Là-dessus, la Convention revint sur sa décision et fut obligée de trouver un autre mode d'élection.

Si la première solution avait été maintenue, à savoir l'élection par le Congrès, les résultats obtenus auraient été probablement les mêmes que ceux produits par votre système d'élection. Au lieu d'un président jouissant de plus de pouvoirs effectifs que le premier magistrat d'aucun autre pays à gouvernement constitutionnel, son pouvoir aurait été surtout nominal ; le système parlementaire en serait probablement découlé et les vastes pouvoirs que la Constitution confère au Président auraient peut-être échu à des ministres responsables devant le Congrès, comme cela est arrivé en France.

Un tout petit nombre des délégués était favorable à un système d'élection par le peuple, mais cette proposition rencontra peu de partisans. L'élection directe, par le peuple, du premier magistrat de la nation aurait produit des « excitations et des ferments », des « tumultes et des désordres », qui auraient « convulsé le pays de mouvements extraordinaires et violents, et la nation aurait vu sa vertu nationale soumise à une épreuve qu'il était plus prudent de ne pas lui imposer ». Quelques délégués exprimèrent des doutes sur l'aptitude du peuple à choisir avec discernement. D'autres craignirent la domination de démagogues, et un délégué bien connu alla jusqu'à dire « qu'il serait tout aussi naturel de confier au peuple le choix de la personne propre à faire un président que de confier à un aveugle le choix de couleurs ».

Après de longues discussions, la Convention élabora un système de choix indirect par de petits groupes de personnes appelées « électeurs présidentiels » devant être choisis eux-mêmes dans chaque Etat de la manière à prescrire par la législature. Dans l'intention des auteurs de la Constitution, ces électeurs devaient être les principaux citoyens de leurs Etats respectifs; ils devaient se réunir à la date fixée dans la capitale de leurs Etats, rechercher soigneusement les mérites des divers candidats à la présidence et choisir en toute liberté et suivant leur conscience l'homme qui leur paraîtrait le mieux qualifié pour la haute fonction de premier magistrat de la nation. Le système fut loué par Hamilton comme « excellent sinon parfait » et l'un de nos plus grands juristes de l'époque fit son éloge en ces termes : « C'est le meilleur que le monde ait encore vu ». On dit que c'est la seule partie de la Constitution qui échappa aux critiques sévères et qui reçut l'approbation de ses adversaires.

Mais l'apparition des partis politiques renversa bientôt les calculs des auteurs du système. Les « électeurs présidentiels » furent bientôt réduits au rôle de marionnettes du parti, de simples automates qui cessèrent d'exercer leur jugement ou leur discernement, mais qui enregistrèrent purement et simplement la volonté de leur parti exprimée à l'élection par laquelle étaient choisis les « électeurs présidentiels ». De sorte que le système d'élection par la nation tout entière, que les auteurs de la Constitution avaient cru définitivement écarter, fut établi en réalité. Mais comme la Constitution n'a pas été formellement amendée, il faut se conformer littéralement à l'ancien système de choix des « électeurs présidentiels ». Les électeurs se réunissent dans la capitale de leurs Etats respectifs au jour fixé; ils votent pour le candidat présidentiel de leur parti, leurs bulletins sont soigneusement vérifiés, transmis à Washington par deux voies différentes pour assurer leur sécurité, et le second mercredi de février, ils sont portés au Congrès dans une urne d'acajou, après quoi « l'auguste cérémonie » du pointage des bulletins a lieu en présence des deux Chambres et d'une foule de spectateurs qui contemplent la scène du haut de galeries réservées au public. Lorsque le président de la cérémonie annonce que Monsieur Un Tel a été dûment élu président des Etats-Unis, ce n'est une nouvelle pour personne ; en réalité, on savait à la fin du jour de l'élection, le second mardi du mois de novembre précédent, jour où les électeurs présidentiels ont été choisis, quel serait le président.

Ainsi, en fait, le Président n'est pas choisi par les 519 électeurs présidentiels, comme la Constitution écrite l'exige, mais par quelque trente ou quarante millions d'électeurs, malgré, comme je l'ai dit, qu'on doive se conformer à l'ancienne forme d'élection indirecte, stipulée par la Constitution. C'est pourquoi le résultat n'est pas toujours ce qu'il serait si ce système compliqué d'élection était supprimé et que les électeurs fussent autorisés à voter directement pour les candidats présidentiels au lieu de voter pour les électeurs intermédiaires. Il peut, en effet, arriver, et cela s'est produit fréquemment, qu'un candidat présidentiel qui obtenait la majorité des votes des « électeurs présidentiels » n'avait que la minorité du vote populaire dans l'ensemble du pays. Ainsi, en 1912, le Président Wilson a obtenu 435 voix sur les 519 votes des « électeurs présidentiels » et a été élu à une grande majorité : cependant il n'avait guère obtenu que 6 millions de voix populaires contre 8 millions à ses concurrents. Il fut donc ce que nous appelons, en Amérique, un « Président de la minorité ».

La Convention étudia longtemps le problème de la durée de la période pour laquelle le Président serait élu et celui de savoir s'il serait rééligible plusieurs fois. Elle décida finalement de fixer le mandat à quatre années, au bout desquelles il pourrait être réélu indéfiniment. Notre premier président, Washington, fut réélu, pour une deuxième période, mais il refusa d'accepter une troisième fois. Le précédent qu'il créa ainsi fut suivi par ses successeurs et cela devint une coutume presque aussi ferme que si elle était inscrite dans la Constitution elle-même. C'est pourquoi aucun Président n'a été élu pour une troisième période, et l'opinion publique est si hostile à un abandon de cette coutume qu'il est peu probable qu'on s'en écarte jamais, même pour le Président le plus populaire.

Pourtant, nombre de présidents ont été réélus pour une seconde période; mais dans ces dernières années un mouvement considérable s'est manifesté contre la réélection du Président pour une seconde période. En 1912, le Sénat a même adopté une résolution proposant d'amender la Constitution à cet effet. Mais l'autre Chambre a refusé de donner son concours, surtout pour des raisons politiques.

Le principal argument invoqué en faveur de la limitation du mandat du Président à une période unique, c'est que ainsi il ne serait pas tenté de faire usage de ses grands pouvoirs, et, en particulier, de son pouvoir de nomination, en vue d'assurer sa propre réélection. Il a été démontré qu'un Président ambitieux, qui désire être choisi comme candidat par son parti, peut, d'ordinaire, y réussir grâce au contrôle qu'il peut exercer sur le choix des délégués à la Convention nationale du parti qui choisit le candidat présidentiel. Il arrive souvent que ces délégués sont des fonctionnaires fédéraux qui tiennent leurs postes du Président et on peut naturellement compter qu'ils s'emploieront à assurer sa désignation comme candidat. Il est même arrivé que le Président a pu amener sa propre nomination comme candidat contre l'avis des leaders de son parti. Ainsi le Président Harrison en 1892 et le Président Taft en 1912 obtinrent leur renomination, grâce surtout au contrôle qu'ils exercèrent sur le choix des délégués à la Convention nationale du parti; pourtant, dans les deux cas, un grand nombre de leaders du parti républicain mettaient en doute la sagesse qu'il y aurait à les désigner comme leurs candidats. Leurs craintes étaient justifiées, car, en fait, tous deux furent battus par les candidats du parti démocrate à l'élection générale.

Une autre objection à la règle qui autorise le Président à se succéder à lui-même est qu'il est ainsi exposé à la tentation de consacrer une grande partie de son temps et de ses efforts, pendant les longs mois que dure la campagne présidentielle, à assurer sa propre réélection. Dans ces dernières années, quelques Présidents ont malheureusement succombé à la tentation. Le résultat, c'est que les hautes fonctions pour l'accomplissement desquelles le Président a été élu, ont été négligées pendant qu'il était occupé à combiner, à organiser et à diriger sa campagne électorale. S'il n'était pas rééligible, il n'aurait d'autres intérêts en vue que ceux du pays, d'autre ambition que l'approbation de tous ses concitoyens sans préoccupation de parti, et il ne serait pas tenté d'employer les pouvoirs dont il dispose, grâce à sa haute fonction, au succès de sa propre réélection.

Le fait que le Président est élu pour une période de quatre années, alors que les représentants au Congrès sont choisis pour deux ans, crée parfois une situation anormale. Il arrive que, pendant la seconde moitié du mandat présidentiel, l'exécutif et le département législatif du gouvernement se trouvent sous le contrôle de partis politiques différents. Prenons un exemple récent : en 1916, le parti démocrate élit M. Wilson président et, avec lui, une majorité des représentants ; mais à l'élection Congressionnelle de 1918, qui eut lieu à la moitié du mandat présidentiel, les Républicains furent victorieux, ayant élu la majorité des membres du Sénat et de la Chambre basse. En conséquence, pendant la seconde partie du mandat de M. Wilson, le gouvernement du pays fut divisé en deux partis hostiles. Cette situation ne serait pas possible en France où votre système parlementaire a le grand avantage d'assurer l'harmonie entre l'exécutif et le législatif. Pendant ces deux années, il y eut pour ainsi dire conflit négatif entre l'exécutif et le Congrès. Une autre conséquence regrettable de cette situation, c'est que pendant deux années de son mandat le pays peut être gouverné par un président que le corps électoral a désapprouvé. C'est ce qui s'est produit dans la deuxième moitié du mandat de M. Wilson. En 1918, lorsque les élections biennales au Congrès eurent lieu, M. Wilson adressa un appel aux électeurs du pays pour appuyer sa politique en renvoyant au Congrès des représentants démocrates qui coopéraient avec lui à poursuivre et à réaliser cette politique. Mais le corps électoral répondit par l'élection d'une majorité si grande de représentants Républicains, qu'on ne pouvait interpréter ce vote que comme une répudiation évidente du président et de sa politique. Aussi, pendant les deux années qui suivirent, l'Amérique offrit-elle le spectacle d'un gouvernement dont le chef avait été « répudié » par le corps électoral, qui, par conséquent, appartenait au parti de la minorité ; et cependant, pendant toute la seconde partie de son mandat, il faisait presque quotidiennement des nominations aux plus hautes fonctions, opposait son veto aux lois votées par les véritables représentants du peuple et dirigeait les affaires extérieures du pays aussi librement que s'il avait eu un mandat direct du corps électoral.

Le fait qu'un Président nouvellement élu n'est pas investi immédiatement après sa véritable élection en novembre, mais ne l'est que le 4 mars suivant, crée une situation analogue. Au cas où le Président au pouvoir est battu à l'élection présidentielle, on se trouve en présence d'un pays gouverné pendant une période de quatre mois par un président qui n'a plus de mandat du corps électoral. Cela s'est produit bien des fois, l'exemple le plus récent en est la défaite du Président Taft en 1912. Une situation analogue existait en 1921, à la suite de la défaite du parti démocrate.

Passons maintenant à l'étude de la nature de la fonction présidentielle et des pouvoirs de celui qui l'occupe. Lord Bryce a remarqué que, même en interprétant ses pouvoirs de la manière la plus étroite, ils sont encore indubitablement les plus grands du monde. Il n'y a certainement pas d'autres pays à gouvernement constitutionnel dans lequel le premier magistrat exerce effectivement des pouvoirs si étendus, soumis, en fait, à un si faible contrôle. En théorie, les pouvoirs du roi d'Angleterre sont aussi vastes, mais, en réalité, il ne peut même pas nommer un juge de paix ou conférer un titre de noblesse. Votre Constitution investit votre Président de pouvoirs presque aussi grands et aussi variés, mais le seul, pour ainsi dire, qu'il puisse exercer librement, c'est celui de présider les cérémonies nationales, comme le remarquait un jour feu le président Casimir-Périer.

Le seul chef d'Etat constitutionnel du XIXe siècle auquel le Président des Etats-Unis pouvait être comparé au point de vue de l'étendue des pouvoirs, c'était l'empereur allemand. Un homme d'État américain bien connu disait à un diplomate européen : « La principale différence entre vous et nous, c'est que vous avez un roi à vie, tandis que nous en élisons un pour quatre ans. » Cette remarque contient plus de vérité que la plupart des Américains ne veulent l'admettre.

Il y a quelques ressemblances entre le Président des États-Unis, et le premier ministre d'un pays à gouvernement parlementaire, comme l'Angleterre et la France, en particulier en ce qui concerne la nature et l'étendue de ses pouvoirs. Toutefois, le Président des États-Unis diffère d'un premier ministre européen en ce qu'il n'est pas soumis au contrôle de la législature et qu'il n'est pas responsable envers elle de la manière dont il gouverne le pays. Bien entendu, il est responsable envers le Congrès des actes criminels qu'il peut commettre, et s'il est reconnu coupable, il peut être jugé et révoqué ; mais il ne peut être tenu pour responsable de ses actes politiques. En France, votre parlement peut renverser, à tout moment, un ministère dont les actes politiques sont jugés néfastes aux intérêts du pays ; au contraire, le Congrès américain peut voter des résolutions de censure et de condamnation contre la politique du Président jusqu'à la fin des siècles, sans qu'il soit obligé d'en tenir le moindre compte. Le Président pourrait, s'il le jugeait bon, révoquer tous les fonctionnaires fédéraux sauf les juges ; il pourrait licencier l'armée, désarmer les navires de la flotte, gracier tous les criminels des pénitentiaires fédéraux, rappeler tous nos représentants diplomatiques et mener les affaires étrangères du pays de manière à nous mettre en guerre avec les puissances étrangères, mais, à moins que ses actes ne constituent des crimes, le Congrès ne pourrait ni l'empêcher de mal faire ni le révoquer. Il est uniquement responsable vis-à-vis du corps électoral de sa conduite politique et étant donné qu'on n'a pas institué de révocation du président par le peuple, il n'y a pas de moyen d'exercer ce contrôle plus souvent que tous les quatre ans : et même alors il consiste simplement à refuser de le réélire. Pendant ces quatre années, il peut gouverner le pays en étant soumis à peu ou point de contrôle, et tant qu'il ne viole pas la lettre de la Constitution et les lois et tant que ses actes ne constituent pas des crimes, ni le peuple, ni ses représentants n'ont rien à lui dire.

En décrivant la présidence telle qu'elle est, je remarque, comme M. Wilson l'a fait observer alors qu'il était encore professeur et qu'il ne se doutait probablement pas qu'il serait un jour élevé à ce poste, que la présidence n'est pas une chose fixe; un jour c'est une chose, le lendemain c'est autre chose; cela varie avec la personnalité de l'homme qui occupe la fonction et avec les circonstances dans lesquelles il exerce ses pouvoirs. Bref, la fonction est, dans une large mesure, ce que le titulaire la fait. Il lui est loisible, comme M. Wilson le remarque, en droit et en conscience, d'être un aussi grand homme qu'il le peut, sa capacité étant sa seule limite. Quelques Présidents ont été des hommes timides et faibles et n'ont pas essayé de jouer le rôle qu'ils auraient pu tenir sans violer la lettre ou l'esprit de la Constitution. D'autres se sont volontairement effacés, comme certains de vos Présidents l'on fait, de crainte de provoquer un conflit avec le département législatif; ils n'ont pas cru devoir former et diriger l'opinion publique ou être en quelque manière responsables de certaines théories politiques ou de certains programmes législatifs; ils ont pensé que lorsqu'ils avaient adressé au Congrès des recommandations platoniques et opposé de temps en temps leur veto à une loi, conformément à une demande populaire, ils avaient accompli tout leur devoir touchant la législation. Quelques Présidents, au contraire, ont été des personnalités vigoureuses et énergiques, ayant une conception large de leurs devoirs comme premier magistrat de la nation et ne craignant pas les responsabilités. Ils ont estimé qu'ayant été choisis par le peuple de la nation entière, non pas comme les Sénateurs qui sont choisis par les Etats, ni comme les Représentants qui sont élus par des districts encore plus petits, ils avaient le droit de se considérer comme les chefs et les porte-parole de la nation. Bref, ils ont considéré le Président non seulement comme le chef de son parti, et, à ce titre, tenu de réaliser les promesses contenues dans le programme électoral, mais aussi comme le guide et le chef de la nation en ce qui concerne la législation. Le devoir du Président est donc de prendre l'initiative de l'élaboration de programmes législatifs et politiques et non pas de se contenter de jouer le rôle négatif d'approbateur ou de réprobateur. Je dois dire que, dans ces dernières années, la conception populaire du Président lui attribue de plus en plus ce triple rôle de chef de l'administration, de chef de parti et de chef législatif. Les gouverneurs des Etats qui ont été les plus populaires sont ceux qui ont tenu avec le plus de succès le rôle de chefs législatifs. Ainsi que je l'ai dit dans une précédente conférence, l'opinion publique nourrit, à l'égard des législatures d'Etat, une certaine méfiance et elle tend de plus en plus à considérer que le gouverneur doit prendre l'initiative des lois que l'opinion réclame et s'attacher à les faire voter. Les succès remarquables que remportèrent dans cet ordre d'idées M. Wilson comme gouverneur du New-Jersey, M. Hughes comme gouverneur de New-York et M. Cox comme gouverneur de l'Ohio, firent d'eux des figures populaires nationales. Plus que toute autre considération, elles amenèrent l'élévation de M. Wilson à la présidence des Etats-Unis et la nomination de MM. Hughes et Cox comme candidats présidentiels. De la même manière, on attend de plus en plus du Président qu'il prenne l'initiative de la législation nationale et qu'il fasse voter les lois réclamées par l'opinion publique. Le président qui refuse d'agir conformément à cette conception de ses attributions ou qui échoue dans ses tentatives baisse dans l'estime populaire.

A ce propos, je ferai remarquer que le Président dispose de plus de moyens pour exercer un contrôle effectif sur le Congrès que le gouverneur d'un Etat n'en a sur la législature. Le plus important, c'est le large pouvoir de nomination du Président. Il peut, comme l'ont fait quelques Présidents, demander l'adoption d'une certaine loi, et, lorsque les sénateurs et les représentants appartenant à son parti paraissent disposés à voter contre cette loi, il peut leur faire savoir que, dans ce cas, ils seraient privés du « patronage » dont ils jouissent pour la nomination aux fonctions publiques. Ainsi le Président peut exercer une pression sur les membres du Congrès afin qu'ils appuient les lois qu'il demande, et il peut punir ceux qui résistent. Un sénateur qui est menacé de perdre l'une des sources les plus importantes de son pouvoir politique, s'opposera rarement à la demande présidentielle. Le Président peut même aller plus loin et employer sa grande influence contre la réélection d'un sénateur ou d'un représentant qui s'est opposé à l'adoption d'une loi qu'il demandait. A plusieurs reprises, le Président Wilson est allé jusqu'à écrire des lettres, sur demande, à des Démocrates notoires, dans des Etats où les sénateurs qui avaient refusé de suivre leur parti et de soutenir la politique législative du Président, étaient candidats à une réélection. Dans ces lettres, il conseillait plus ou moins ouvertement aux électeurs de voter contre la réélection des membres récalcitrants. Dans la plupart des cas, le conseil du Président fut suivi, comme cela se produit généralement s'il est populaire et s'il occupe une forte situation dans son parti.

Il n'est pas besoin d'ajouter que le Président peut, en menaçant d'user de son droit de veto, empêcher le vote d'une loi à laquelle il est hostile. Il peut même, dans une certaine mesure, influencer le caractère de la législation en menaçant à l'avance d'opposer son veto à une certaine loi, à moins qu'elle ne renferme les dispositions dont il est le défenseur. En fait, quelques Présidents ont exercé, au moyen de menaces de ce genre, une influence très réelle sur la législation.

Parmi les Présidents récents qui ont nourri la conception de la présidence telle que je l'ai décrite et qui ont pu jouer avec succès le rôle de chef et de guide législatif, M. Roosevelt et M. Wilson sont les exemples les plus frappants. M. Roosevelt avait une personnalité populaire, vigoureuse et combattive. Il avait des idées très arrêtées sur la législation nécessaire à la conservation des ressources du pays en hommes et en matériel, et il ne redoutait pas la responsabilité. Aussi lorsqu'il menaçait le Congrès de son « gros bâton » et demandait le vote d'une loi, les représentants cédaient-ils généralement, convaincus que dans un conflit entre eux et le Président, le pays prendrait vraisemblablement le parti de ce dernier. C'est grâce surtout à sa forte personnalité et à sa popularité que M. Roosevelt a pu exercer une influence prépondérante sur le Congrès. Comme M. Wilson, il professait la théorie que le Président a le droit d'être le chef et le guide du peuple. Dans son autobiographie il déclare : « Mon opinion, c'est que tout fonctionnaire exécutif occupant un poste élevé est un serviteur du peuple, tenu de faire activement et absolument tout ce qu'il peut pour le peuple, et ne pas se contenter du mérite négatif de mettre ses talents à l'abri sous une couverture. Je refuse d'admettre que ce qui est impérieusement nécessaire à la nation ne peut pas être accompli par le Président s'il n'y est pas formellement autorisé. Ma conviction, c'est que non seulement c'est son droit mais aussi son devoir de faire tout ce que les besoins de la nation exigent, à moins que la Constitution ou les lois l'interdisent. En vertu de cette interprétation du pouvoir exécutif j'ai fait et fait faire beaucoup de choses que le Président n'avait pas faites jusqu'ici. Je n'ai pas usurpé le pouvoir, mais j'ai considérablement élargi l'usage du pouvoir exécutif. »

M. Wilson, dans le passage suivant d'une lettre qu'il écrivait à un représentant au Congrès, faisait connaître sa propre conception du rôle que le Président doit jouer : « La nation veut qu'il soit le leader de son parti, ainsi que le premier fonctionnaire exécutif du gouvernement, et le pays n'admet acuune excuse de sa part. Il doit jouer ce rôle avec succès ou perdre la confiance du pays. Il doit être le premier ministre, se préoccuper de diriger la législation et veiller à la juste et régulière exécution de la loi; il est le porte-parole de la nation en toute occasion, même dans les rapports les plus importants et les plus délicats du gouvernement avec les nations étrangères. »

Pendant un temps, M. Wilson a pu mettre en pratique, avec encore plus de succès que M. Roosevelt, sa théorie de la présidence. Il fut le premier démocrate élevé à la présidence depuis bien longtemps; les deux Chambres du Congrès étaient sous le contrôle de son parti : comme les leaders du parti désiraient affirmer leur triomphe par des actes importants, ils acceptèrent avec peu d'opposition que M. Wilson soit l'instigateur et l'initiateur d'une politique législative. Avec notre entrée en guerre et la conviction que diviser le conseil et l'action compromettait la cause pour laquelle nous luttions, l'ascendant du Président sur le Congrès devint presque absolu. Républicains et démocrates donnaient leur appui à presque toutes les mesures législatives qu'il proposait. Des projets de loi étaient rédigés par des ministres du cabinet ou par d'autres personnes sous la direction du Président et envoyés au Capitole pour être présentés par les partisans du Président; les principaux sénateurs et représentants démocrates étaient convoqués à la Maison Blanche où, d'après les dépêches de la presse, on leur donnait des « ordres » qui parfois étaient des ultimatum; d'autre part, le Président lui-même se rendait fréquemment au Capitole où il faisait lui-même de la politique de couloir avec les membres afin d'obtenir leur appui pour des lois qu'il désirait voir voter. Les sénateurs qui encourraient, par leur opposition aux mesures préconisées par le Président, la défaveur de l'exécutif étaient menacés de se voir privés de leur patronage pour la nomination aux fonctions publiques et, dans quelques cas, le Président demanda à des collèges électoraux, et parfois avec succès, de combattre les membres qui avaient voté contre les bills présidentiels. Il est arrivé que des représentants démocrates et des représentants républicains ont osé protester contre ce qu'ils considéraient être la dictature de la Maison Blanche : ils dénoncèrent le rôle de chef législatif que jouait le Président comme un empiètement inconstitutionnel sur les droits du Congrès. Un sénateur républicain éminent déclara que, à raison de la domination du Président, « nous avions des lois, dans les codes de lois, qui sont en fait, et en réalité, des décrets exécutifs et non des actes législatifs ».

Avec la fin de la guerre et avec elle la disparition de la nécessité dans laquelle les représentants des deux partis se trouvaient d'appuyer la politique du Président dans l'intérêt de la défense nationale, la « main de fer » avec laquelle celui-ci avait mené le Congrès perdit de sa puissance. On ne pouvait plus employer avec succès le « rouleau à vapeur ». Finalement, l'élection, en 1918, d'un Congrès républicain mit fin au régime de la domination du Congrès par l'exécutif.

Bien que la théorie qui attribue au Président le triple rôle de chef de l'exécutif, de leader de parti et d'instigateur de la politique législative soit tombée dans un certain discrédit, au moins pour un temps, il faut reconnaître qu'avec notre système de gouvernement qui divise l'autorité d'une manière excessive et avec notre système exagéré de « freins et équilibres » qui diffuse la responsabilité d'une manière désespérante, il est presque inévitable qu'un Président fort et puissant joue le rôle de leader législatif. En fait, pendant de longues années, il y avait en Amérique une tendance soutenue à augmenter le pouvoir de l'exécutif et à développer ses attributions aux dépens de la législature. Elle s'est manifestée dans l'extension remarquable du pouvoir des maires de nos cités et des gouverneurs des Etats. Comme je l'ai dit, le peuple attend de plus en plus que le Président remplisse les promesses du programme électoral de son parti et il le tient responsable à ce sujet. Une importante Revue américaine disait récemment : « Le public compte que le Président dirigera le Congrès. S'il ne le fait pas, il ne sera pas considéré comme un bon Président. Le fait de n'avoir pas dominé le Congrès a été considéré par l'opinion publique comme une faute du Président Taft. Il avait été élu pour faire voter des lois d'un certain caractère et elles n'ont pas été votées. » Une autre revue disait : « Pendant longtemps le fléau de la balance du pouvoir a penché du côté de l'exécutif. De plus en plus, en outre de ses autres attributions et pouvoirs, il occupe la situation d'un premier ministre. Il est le leader de son parti. Son succès ou son échec dépend de ce que le Congrès fait ou ne fait pas, et dès lors il assume de plus en plus la responsabilité de la législation. »

Il ne faut pas en déduire, naturellement, que le Président sera impérieux et dictatorial dans ses rapports avec le Congrès. S'il a du tact, il ne menacera pas, mais il emploiera la persuasion et le raisonnement et fera même appel au pays pour amener l'opinion publique à soutenir sa politique. M. Wilson lui-même, dans un de ses ouvrages écrits longtemps avant qu'il fût élevé à la présidence, déclare qu'il y a des moyens malhonnêtes par lesquels le Président peut influencer le Congrès ; ils ne constituent certainement pas une violation de la lettre de la Constitution. Mais, pour son malheur, il a eu sur les bras, pendant les deux dernières années de son mandat, comme le Président Cleveland des années auparavant, un Congrès irréductiblement hostile, qui était résolu à le mettre dans l'embarras et même à l'humilier. En outre, il a fait preuve d'un certain manque de tact dans ses rapports avec le Congrès ; il a parfois poussé sa théorie du chef de l'exécutif, à un point qui a inutilement irrité le Congrès et a provoqué son opposition. De même, un grand nombre des membres du Congrès, sans égard de parti, qui sont, tout comme le Président, les représentants choisis du peuple, ont manifesté une certaine animosité contre la doctrine que M. Wilson énonçait publiquement, à savoir « qu'il n'y a qu'une voix nationale dans le pays, et c'est celle du président », qu'il est le chef et le porte-parole de la nation ; qu'il est, dans un sens spécial, la tribune du peuple et le dépositaire de la volonté populaire. En Amérique, l'énonciation de cette théorie de l'exécutif comme leader, même par le Président le plus populaire et le mieux disposé, était sûre de soulever l'opposition des membres du Congrès. Le président Cleveland essaya de jouer le rôle que M. Wilson assigne au Président, mais sa politique l'amena à un conflit aigu avec le Congrès et laissa son parti désorganisé et lui-même discrédité vis-à-vis d'une importante section de son propre parti. De même, la théorie de M. Roosevelt, que le Président est le directeur des affaires nationales en même temps que le chef de l'exécutif, et que c'est son droit « de faire tout ce qu'exige l'intérêt de la nation », à moins que la Constitution l'interdise formellement, souleva beaucoup de critiques et contribua à le faire qualifier d'usurpateur. En conséquence, l'expérience de ces trois présidents montre clairement que cette théorie de la présidence ne peut pas être poussée au delà de certaines limites sans soulever une grande opposition et même sans discréditer le Président qui tente de le faire.

Les principaux pouvoirs et attributions du Président sont soit spécifiquement conférés par la Constitution, soit par des lois votées de temps à autre par le Congrès. Quelques-unes de ces attributions sont inhérentes à la nature même de sa fonction, tandis que d'autres sont nées de la coutume et de la pratique politique. Pour faciliter leur étude, on peut les grouper sous les rubriques suivantes :

1° Pouvoir et devoir de veiller à ce que les lois et traités des Etats-Unis soient dûment exécutés.

2° Pouvoir de nomination et de révocation des fonctionnaires fédéraux.

3° Pouvoir relatif à la législation.

4° Pouvoir de guerre.

5° Droit de grâce et d'amnistie.

6° Pouvoir de conduire les affaires étrangères.

Il est impossible, dans les limites de cette conférence, d'étudier en détail chacun de ces groupes de pouvoirs et d'attributions. Je m'en tiendrai donc à un exposé et à un commentaire sommaires.

Je ferai remarquer que le pouvoir exécutif des Etats-Unis, à l'encontre de celui des Etats particuliers, n'est pas divisé en fragments et réparti entre le chef de l'exécutif et un certain nombre de collègues, chacun indépendant dans sa sphère et n'étant soumis ni au contrôle ni à la direction du premier magistrat. C'est une unité tout entière entre les mains du Président. Bien que celui-ci exerce le pouvoir exécutif avec le concours de membres du cabinet, ils ne sont pas ses collègues mais ses subordonnés et comme tels ils sont soumis à son contrôle et à sa direction, sauf lorsque la loi exige formellement d'eux certaines choses. A cette réserve près, tout subordonné, qu'il soit membre du cabinet ou gratte-papier, est tenu d'obéir aux ordres du Président qui peut obliger le récalcitrant à l'obéissance en le menaçant de révocation. Ce pouvoir de révocation est suspendu sur la tête de tout fonctionnaire comme une épée à deux tranchants et le fait de savoir qu'elle peut s'abattre à tout moment suffit à assurer l'obéissance.

Le premier devoir du Président, celui qu'il jure solennellement d'observer fidèlement au moment de son installation, c'est de veiller à ce que les lois et traités des Etats-Unis soient dûment exécutés. Afin de lui permettre de remplir efficacement ce devoir, l'armée et la marine, ainsi que la milice des divers Etats sont à sa disposition. Bien que le devoir qui lui est ainsi imposé soit obligatoire, il ne faudrait pas croire que le Président n'a aucun pouvoir discrétionnaire. On peut se demander ce que la loi exige de lui, et on peut se demander aussi si la loi qui lui impose ce devoir s'applique réellement à une situation donnée. Dans les deux cas, le Président est libre d'interpréter la loi et de décider lui-même si c'est son devoir d'agir. S'il décide qu'il n'est pas de son devoir d'agir, sa décision n'est pas soumise à revision par les tribunaux, et il n'y a pas de moyen de l'obliger à sortir de sa réserve. Il y a de longues années, la Cour suprême a posé le principe que les tribunaux n'avaient ni le pouvoir de commander au Président, ni celui de l'empêcher d'agir au moyen d'ordres ou d'injonctions. D'après notre système de séparation des pouvoirs, le département exécutif est indépendant dans sa sphère; si les tribunaux pouvaient contrôler le chef de l'exécutif, ils pourraient le faire de manière à l'empêcher de remplir ses hautes fonctions; cela amènerait presque certainement des conflits entre les départements exécutifs et judiciaires, auquel cas, le Président, avec la force armée de la nation à sa disposition, sortirait vainqueur de la lutte. Néanmoins, les tribunaux exercent librement leur droit de contrôle sur les subordonnés du Président, même sur ses ministres de cabinet. Naturellement, si le Président promulguait un ordre inconstitutionnel, les tribunaux n'hésiteraient pas à le déclarer nul et non avenu, et s'il violait impunément le jugement du tribunal, il serait passible de mise en accusation et de révocation par le Sénat institué en Haute Cour de justice.

En outre, pour permettre au Président d'exécuter les lois, la Constitution lui donne le pouvoir de nommer tous les fonctionnaires fédéraux, excepté ceux dont la nomination est confiée par la Constitution au Congrès ou à d'autres autorités.

Les fonctionnaires de cette deuxième catégorie sont peu nombreux. Il en résulte que le Président nomme la grande masse de l'immense armée des fonctionnaires civils. Mais le consentement du Sénat est nécessaire à la validité de toutes les nominations; sa prérogative n'est donc pas absolue. L'intention évidente des auteurs de la Constitution était que le pouvoir du Sénat fût simplement négatif; c'est-à-dire que le Président choisisse et que le Sénat donne ou refuse simplement son approbation.

A mesure que le nombre des fonctionnaires grandissait, il devint matériellement impossible que le Président examine personnellement les aptitudes du grand nombre des postulants. Il se trouva donc obligé de s'en remettre à l'avis d'autres personnes; on prit l'habitude de consulter les sénateurs lorsqu'il s'agissait de pourvoir les plus hauts emplois fédéraux dans leurs propres Etats, et les représentants pour les postes moins importants de leurs districts, pourvu, bien entendu, que ces sénateurs et représentants appartinssent au parti politique du Président. Avec le temps, les sénateurs commencèrent à réclamer pour eux-mêmes le droit de choisir les candidats aux fonctions dans leurs Etats respectifs et à présenter leurs noms au Président pour nomination. De cette coutume, naquit la « courtoisie sénatoriale », d'après laquelle si le Président refuse de nommer le candidat recommandé par les sénateurs de l'Etat dans lequel le poste se trouve, et tient à nommer une autre personne contre leur volonté, les sénateurs des autres Etats, sans égard pour leur affiliation de parti, soutiennent leurs collègues en refusant de confirmer la nomination du Président. Finalement, le Président doit nommer la personne recommandée par les sénateurs ou quelque autre personne qui lui soit acceptable, ou bien laisser le poste vacant.

Naturellement, si les deux sénateurs d'un Etat dans lequel la nomination doit se faire, appartiennent à un parti différent de celui du Président, ils ne peuvent réclamer le droit de dicter la nomination ; si l'un d'eux appartient au parti du Président et l'autre au parti de l'opposition, c'est la recommandation du premier qui sera suivie. On a souvent dénoncé cette coutume de « courtoisie sénatoriale » comme une usurpation par les sénateurs d'un droit que la Constitution reconnaît au Président. C'est exact, en fait sinon dans la forme, et il est arrivé que des Présidents de caractère indépendant aient essayé de passer outre, généralement sans succès.

A mainte reprise, le Président Wilson, pour ne citer que le dernier, a nommé d'autres candidats, mais chaque fois, les sénateurs se sont unis pour faire échouer la nomination en refusant de donner le consentement que la Constitution exige.

Toutefois, il faut remarquer que, en ce qui concerne certaines catégories de fonctions, telles que celles de membres du Cabinet, de juges fédéraux et de représentants diplomatiques, la règle de la « courtoisie sénatoriale » ne s'applique pas. Dans le choix des candidats à ces postes, le Président jouit d'une grande liberté d'action. Pourtant, même pour ceux-là, le Sénat refuse parfois de ratifier ses nominations. Mais même avec les restrictions que l'usage de la « courtoisie sénatoriale » et la nécessité d'obtenir l'assentiment du Sénat apportent au pouvoir de nomination du Président, il est encore très grand. Avec le principe du « système des dépouilles » encore en vigueur pour les plus hauts postes au service du gouvernement, le pouvoir de patronage du Président embrasse des milliers de nominations représentant en émoluments un budget de plusieurs millions de dollars. L'armée des fonctionnaires subalternes étant soumise aux règles du service civil n'est donc pas affectée par l'entrée au pouvoir d'un nouveau Président ; mais les postes les plus élevés ne sont pas ainsi protégés et un nouveau Président appartenant à un parti différent de celui de son prédécesseur peut faire, et d'ordinaire fait «maison nette» des plus hauts fonctionnaires qu'il trouve en place lorsqu'il arrive au pouvoir et les remplace par de nouveaux titulaires appartenant à son propre parti. En arrivant au pouvoir en 1913, le président Wilson, par exemple, remplaça à peu près en entier le corps diplomatique, sans parler des hauts fonctionnaires administratifs, par des démocrates «méritants». Naturellement, le Président peut employer ce vaste pouvoir à édifier et à fortifier son propre parti, pour ménager sa propre réélection s'il la désire et, comme je l'ai dit, il peut s'en servir pour obliger le Congrès à voter les lois qu'il désire voir adopter.

Le pouvoir du Président de révoquer les fonctionnaires fédéraux est encore plus étendu ; en fait, sauf pour les juges qui sont nommés à vie et qui sont irrévocables, si ce n'est par une mise en accusation (*impeachment*), il est absolu. Tandis que le consentement du Sénat est requis pour faire une nomination, il n'est pas nécessaire pour révoquer un fonctionnaire. Par conséquent, à l'exception des juges, il peut révoquer tout fonctionnaire fédéral, depuis un membre du cabinet jusqu'au dernier garçon de bureau et il peut le révoquer pour la raison qui lui paraît être une cause suffisante ou même sans raison aucune. Le Congrès lui-même n'a aucun droit constitutionnel de restreindre le pouvoir de révocation du Président; il ne peut même pas créer un nouvel emploi et décréter que le titulaire sera irrévocable par le Président.

J'ai déjà parlé du pouvoir du Président touchant la législation et il me reste peu à en dire. J'ajouterai que ce pouvoir est à la fois positif et négatif; il comprend le droit de recommander une certaine législation à l'attention du Congrès et d'opposer son veto aux bills qu'il désapprouve. Ses recommandations sont généralement contenues dans un message général communiqué au Congrès à l'ouverture de la session, et dans des messages spéciaux communiqués de temps en temps. Il en était ainsi jusqu'en 1913, lorsque le Président Wilson introduisit une innovation en se rendant au Congrès en personne et en communiquant son message sous forme d'adresse aux deux Chambres réunies. D'ordinaire, le message ou adresse contient un exposé général de la situation du gouvernement ainsi que les recommandations en faveur de certaines lois ou amendements que le Président croit désirables. Quelques Présidents, M. Roosevelt, par exemple, ont profité de l'occasion que le message leur offrait, pour prononcer des discours qui, en réalité, étaient destinés au peuple du pays. Quelques-uns des messages du Président Roosevelt étaient, en fait, de longs discours, des sermons en quelque sorte, qui traitaient de beaucoup de problèmes sociaux, économiques et politiques, sur lesquels le Congrès n'avait pas le droit de légiférer.

Le compte que le Congrès tient des recommandations du Président dépend : 1º de son influence personnelle et du respect que le corps législatif a pour lui; 2º de la composition politique des deux Chambres. Si le Président est une personnalité vigoureuse, combattive, populaire, ses recommandations seront d'un grand poids. Au cas où le

Congrès se montre disposé à repousser d'importantes mesures au vote desquelles le Président tient beaucoup, il peut, comme je l'ai dit, user de son pouvoir de nomination pour obliger les Sénateurs récalcitrants de son propre parti, et même il peut aller jusqu'à rayonner dans tout le pays et faire appel à la nation pour qu'elle le soutienne dans ses revendications. Si les sentiments publics se manifestent clairement et nettement en sa faveur, cela aura pour effet de décider le Congrès à adopter les recommandations du Président. Les présidents Roosevelt, Taft et Wilson ont tous parcouru le pays dans tous les sens et adressé des appels de ce genre. Parfois ces appels eurent du succès ; parfois au contraire, le verdict populaire condamna la politique qu'ils préconisaient. D'autre part, si les deux Chambres du Congrès sont entre les mains du parti politique d'opposition, ce qui se produit quelquefois, le Président ne peut guère espérer que ses recommandations trouveront des oreilles attentives. Les présidents Cleveland, Taft et Wilson, au cours des deux dernières années de leur mandat, se trouvèrent avoir sur les bras un Congrès hostile. En conséquence, la machine législative fut enrayée et rares furent les recommandations du Président qui furent accueillies même avec une apparence de courtoisie.

Il s'est manifesté aux Etats-Unis dans ces dernières années, un mouvement d'opinion considérable en faveur de l'établissement de relations plus étroites entre le Président et le Congrès. Chez nous, à l'encontre de votre pays où règne le système parlementaire, les départements exécutif et législatif sont presque complètement séparés. Ni le Président ni aucun membre du Cabinet ne peut présenter un projet de loi au Congrès ni paraître dans l'une ou l'autre Chambre pour défendre un projet de loi, pour exposer sa politique ou la défendre contre les attaques des membres du corps législatif. Evidemment, le Président trouve d'ordinaire un sénateur ou un représentant disposé à présenter un projet qu'il désire faire examiner; lui-même ou un membre du Cabinet peut paraître devant une Commission du Congrès et être entendu; mais cette méthode indirecte de collaboration entre les organes de l'exécutif et du corps législatif est gênante et peu satisfaisante. Si, pendant la discussion d'un projet, le Congrès désire obtenir des renseignements du département exécutif, il lui faut recourir à la procédure détournée du vote d'une résolution priant le Président de communiquer le renseignement par message écrit. Il n'est pas rare que la politique du Président ou de quelque membre du Cabinet soit en butte à la critique du Congrès; cela tient parfois à l'ignorance ou à un malentendu. Ni le Président, ni un membre du Cabinet ne sont autorisés à se rendre au Congrès pour fournir des explications ou pour défendre la politique ainsi combattue. Il arrive donc que, bien que l'exécutif ait constitutionnellement une part à la législation, les deux départements n'aient aucune connexion et doivent collaborer à distance.

Les Présidents Wilson et Taft ont tous deux dénoncé publiquement les inconvénients de cet état de choses et ont demandé que le Congrès autorise les membres du Cabinet à occuper des sièges dans l'une et l'autre Chambre afin d'être entendus sur les projets de loi en discussion, pour donner des renseignements et pour défendre le gouvernement contre les critiques qui pourraient lui être adressées. Par ce moyen, le Congrès pourrait être en contact étroit avec la politique du département exécutif, les deux départements pourraient collaborer plus naturellement et plus efficacement et ainsi disparaîtraient les sources de fréquente mésintelligence. L'instauration de ces rapports ne demanderait pas l'établissement du système parlementaire tel qu'il existe en Europe ; il n'est pas douteux, toutefois, que ce serait un pas dans cette direction.

Ainsi que je l'ai dit, le président Wilson, fermement convaincu qu'il était souhaitable de créer des rapports plus étroits entre les départements exécutif et législatif, s'adressait en personne aux deux Chambres réunies toutes les fois qu'il avait l'occasion de communiquer avec le Congrès, au lieu de le faire au moyen d'un message écrit. C'était une innovation. Elle fut naturellement critiquée par ses adversaires politiques et l'avènement du parti républicain au pouvoir, en 1921, fut suivi du retour à l'ancienne méthode de communication par message écrit.

Le Président exerce également une importante influence sur la législation grâce à son pouvoir d'opposer son veto aux lois votées par le Congrès, veto qui ne peut être levé que par un vote des deux tiers des deux Chambres. Il peut opposer son veto à la loi, non seulement parce qu'il la considère inconstitutionnelle, mais parce qu'il peut la trouver inopportune ou inutile. Il peut empêcher le vote d'une loi en prévenant d'avance les leaders des partis de son intention d'opposer son veto au cas où elle serait votée ; il peut dicter, dans une certaine mesure, le contenu et le caractère de la loi en menaçant d'user de son droit de veto au cas où celle-ci ne contiendrait pas les dispositions qu'il désire. M. Wilson, M. Roosevelt, M. Taft, et d'autres Présidents encore avant eux, opposèrent avec succès leur veto dans un certain nombre de cas pour cette raison.

Il n'est pas douteux que le droit de veto du Président est défectueux sur un point. A l'encontre de la plupart des gouverneurs des Etats, il n'a pas le pouvoir de désapprouver tel ou tel article des lois de finances. Il doit donc approuver ou désapprouver la loi en bloc. Cela empêche le Président de s'opposer à ce que l'on appelle aux Etats-Unis le « scandale du *pork barrel* » (qui pourrait se traduire du pot pourri), c'est-à-dire l'habitude qu'a le Congrès d'insérer dans les lois de finances des crédits pour les édifices publics qui seront érigés dans des circonscriptions électorales où ils sont pour ainsi dire inutiles, ou des crédits pour d'autres besoins locaux. Presque tous les membres du Congrès désirent obtenir des fonds pour les dépenser dans leur propre circonscription afin de se faire bien voir de leurs électeurs. Au cours de la campagne en vue de leur réélection, ils pourront montrer quelques beaux édifices publics édifiés grâce à eux; ou s'ils sont en mesure de dire à leurs électeurs que c'est à eux qu'on doit l'établissement de telle ou telle institution ou tel ou tel embellissement de leur circonscription, c'est le meilleur argument en faveur de leur retour au Congrès. En conséquence, quelques-unes des lois de finances contiennent parfois des centaines de crédits destinés à être répartis entre les diverses circonscriptions électorales. La plupart constituent un gaspillage des deniers publics et sont, en réalité, destinés à servir les intérêts politiques des membres du Congrès. Or, le Président n'a pas le pouvoir qu'il devrait avoir, de s'opposer aux ouvertures de tels crédits. Le Président Cleveland alla jusqu'à opposer son veto à l'ensemble de la loi sur les rivières et ports qui comportait un crédit total de 60 millions de dollars, parce qu'elle contenait un grand nombre de crédits pour certaines parties du territoire au profit politique des représentants du Congrès. L'opinion publique approuva vivement le courage dont il fit montre en cette occurence. Mais naturellement le Président hésite à opposer son veto à l'ensemble d'une loi portant ouverture de crédits importants destinés à un grand nombre de choses nécessaires, à seule fin de refuser certains crédits qui sont inadmissibles.

C'est pourquoi d'ordinaire il approuve toute la loi avec ses bonnes et ses mauvaises dispositions.

Non seulement le Président est le chef civil de l'exécutif de la nation, mais il en est aussi le chef militaire. La Constitution en fait le chef de l'armée régulière, de la marine et des milices des divers Etats, lorsque ces dernières ont été appelées au service des Etats-Unis. En temps de paix, il peut employer la force armée quand cela est nécessaire en vue de l'exécution des lois, des traités et des jugements des tribunaux fédéraux. Toutes les fois que le fonctionnement du gouvernement national, le mouvement du commerce entre Etats ou les transports postaux sont entravés dans un État du fait d'un groupe d'individus, le Président peut discrétionnairement, comme le fit M. Cleveland en 1894, envoyer des troupes dans cet Etat pour briser cet obstacle. Sur la demande des autorités d'Etat, il peut envoyer des troupes dans tout Etat où se produisent des troubles graves que lesdites autorités sont incapables de réprimer. Les cas de ce genre n'ont pas été rares dans l'histoire des Etats-Unis.

En temps de guerre, civile ou étrangère, le pouvoir du Président comme chef suprême des forces armées devient presque absolu. Il ne peut pas déclarer la guerre ; ce pouvoir appartient uniquement au Congrès. Mais il peut conduire les relations extérieures du pays de manière à provoquer le conflit et à rendre nécessaire la déclaration de guerre par le Congrès, comme le fit le président Polk vis-à-vis du Mexique en 1846. Dans le cas où la guerre civile éclate, c'est son droit et son devoir d'employer l'armée pour réprimer l'insurrection, sans qu'il soit obligé d'attendre que le Congrès déclare l'existence de l'état de guerre. De même, en cas d'invasion du pays, c'est le droit et le devoir du Président d'employer l'armée pour repousser l'invasion. En 1916, le Président Wilson alla même jusqu'à dépêcher une armée à Mexico, sans l'autorisation du Congrès, afin de poursuivre une bande de brigands Mexicains qui, sous le commandement de Villa, avaient traversé la frontière des Etats-Unis et massacré des citoyens américains sur le sol américain. Dans tous ces cas, le Président peut non seulement disposer de l'armée et de la marine fédérales, mais il peut convoquer la milice des divers Etats. C'est ce qui s'est produit à quatre reprises différentes depuis l'établissement de la République. Toutefois, il semble qu'il ne puisse envoyer les milices dans un pays étranger sans leur consentement, alors qu'il peut y envoyer l'armée fédérale régulière au cas où la guerre a été déclarée contre ce pays.

En tant qu'exécutif militaire, il peut suspendre le vieux *writ d'habeas corpus*, après quoi les personnes arrêtées et jetées en prison n'ont plus le droit d'exiger que la cause de leur arrestation soit examinée par un juge ou d'être remises en liberté sous caution. Il peut proclamer la loi martiale dans les régions qui sont le théâtre des hostilités (régime analogue à votre état de siège), décréter le blocus des ports ennemis, et gouverner selon son bon plaisir le territoire ennemi occupé par l'armée américaine, jusqu'à ce que le Congrès confère par loi un système de gouvernement à ce territoire.

Tous ces pouvoirs découlent de l'article de la Constitution qui fait du Président le chef suprême de l'armée et de la marine. Après que la guerre a été déclarée, le Congrès peut lui conférer et d'ordinaire lui confère d'autres pouvoirs très étendus. Pendant la récente guerre mondiale, le Congrès vota une série de lois qui firent, en fait, du Président Wilson, un véritable dictateur. Il fut autorisé à réquisitionner et à s'emparer des navires, des chantiers de construction maritime, des usines et autres établissements, des vivres et combustibles et de tous autres denrées et approvisionnements nécessaires à la conduite de la guerre; il fut autorisé à exercer un contrôle sur la fabrication privée de tous ces produits; à fixer les prix de beaucoup de denrées et à réglementer les tarifs qui pourraient être établis par les Compagnies exploitant un service public; à prohiber l'emploi des céréales à la distillation; à interdire l'exportation des matières premières et denrées qu'il jugeait nécessaires à la conduite de la guerre; enfin, il fut autorisé à s'emparer des réseaux ferrés, télégraphiques et téléphoniques du pays et à les exploiter. Cette tâche gigantesque, il l'assuma promptement. Ces mesures législatives et d'autres encore eurent pour résultat de faire du Président un véritable dictateur; pendant le temps qu'elles ont été en vigueur, la plus grande partie des affaires de la nation se sont faites avec des autorisations (licences) accordées par lui et dans les conditions qu'il jugeait bon de prescrire. Ses demandes réitérées de pouvoirs toujours plus grands, pour lui permettre de poursuivre la guerre plus énergiquement, étaient rapidement exaucées par le Congrès, membres Démocrates et Républicains rivalisant de patriotisme et d'ardeur. De temps à autre, certains membres mettaient bien en doute la nécessité d'augmenter encore son autorité, mais finalement le Président obtenait gain de cause sans rencontrer beaucoup de résistance. Heureusement, il n'abusa pas des vastes pouvoirs qui lui furent ainsi conférés; les libertés du peuple n'ont pas été violées, et il a su garder la pleine confiance et le loyalisme de la nation durant les années d'épreuve pendant lesquelles il fut, dans une large mesure, le maître de la destinée du pays.

Etudions, pour terminer, le rôle du Président dans la direction des affaires extérieures. M. Wilson, dans un de ses ouvrages écrit alors qu'il n'était encore que professeur d'université, fait observer que la direction des affaires étrangères par le Président des Etats-Unis était une de ses plus grandes prérogatives et que, dans ces dernières années, son rôle dans ce domaine était devenu formidable grâce à la situation que les Etats-Unis occupent comme grande puissance mondiale. « Nous ne pourrons plus jamais, disait-il, cacher notre Président comme un simple fonctionnaire... Il devra se mettre toujours en avant dans toutes nos affaires et le poste sera aussi élevé et son prestige aussi grand que l'homme qui l'occupe les fera. »

De même que le pouvoir de nomination, la direction des affaires étrangères est, dans notre pays, divisée entre le Président et le Sénat, ou pour parler plus exactement, le pouvoir du Président de faire les traités avec les pays étrangers se limite à la nécessité pour lui d'obtenir l'approbation des deux tiers des membres du Sénat. La Constitution déclare qu'il aura le pouvoir, par et avec l'avis et le consentement du Sénat, de faire des traités, « l'approbation des deux tiers des sénateurs présents étant obtenue », le but étant de mettre un frein au pouvoir du Président, qui, sinon, pourrait lier la nation par des traités que le pays n'approuve pas. L'intention évidente des auteurs de la Constitution a été de donner l'initiative au Président; c'est lui qui doit conduire les négociations et conclure les traités; le Sénat doit les approuver ou les désapprouver. Néanmoins, la Constitution parle « d'avis » en même temps que de consentement ». Étant donné que « l'avis » peut être donné seulement avant l'accomplissement d'une chose, quelques personnes ont prétendu que le Président est obligé de demander « l'avis » du Sénat pendant les négociations et d'obtenir après la conclusion du traité son « consentement ». Il est vrai que, à diverses reprises, quelques-uns des anciens Présidents ont demandé à l'avance « l'avis » du Sénat pour certains traités qu'ils se proposaient de négocier; mais cette pratique, rarement suivie, a été bientôt abandonnée. Depuis lors, la coutume est que le Président, de sa propre initiative, conduise les négociations sans consulter le Sénat et une fois le traité conclu, qu'il le dépose devant le Sénat pour être approuvé. En d'autres termes, le rôle du Sénat est purement négatif; « avis et consentement » a été interprété comme voulant dire simplement « consentement ». Mais récemment, à deux reprises, cette interprétation, admise depuis longtemps, a été attaquée, la première fois par les sénateurs démocrates, la deuxième par les sénateurs républicains. En 1906, le Président Roosevelt ayant envoyé des plénipotentiaires à la Conférence marocaine d'Algésiras, les sénateurs démocrates qui désapprouvaient la décision du Président, firent voter une résolution par laquelle on lui demandait de communiquer au Sénat une copie des instructions qu'il avait données aux plénipotentiaires. A l'appui de leur résolution, ils alléguaient que le Sénat avait plus qu'une part négative dans la direction des affaires extérieures, qu'il avait constitutionnellement le droit de donner à l'avance un avis au Président et par conséquent de connaître le caractère des instructions qu'il avait données à nos représentants à la Conférence. Les sénateurs républicains, au contraire, furent d'avis que le Sénat n'avait rien à voir aux négociations, le rôle de négociateur appartenant exclusivement au Président qui n'était, en aucune manière, sous la tutelle du Sénat. Evidemment, disaient-ils, le Sénat ou la Chambre des représentants peuvent voter des résolutions exprimant leur opinion relativement à l'opportunité du traité que le Président se propose de conclure, mais celui-ci n'est pas obligé d'en tenir compte; ils peuvent même conseiller au Président de négocier tel ou tel traité, mais ils n'ont pas le droit de surveiller les négociations ou d'imposer le caractère du traité.

Pendant le débat long et passionné qui se poursuivit au Sénat en 1919-20 sur le traité de Versailles, le rôle des sénateurs républicains et celui des démocrates fut renversé. Les sénateurs républicains, qui attaquaient le Président Wilson, prétendaient qu'il aurait dû obtenir à l'avance l'avis du Sénat pendant les négociations à Paris; bref, le Sénat avait autant le droit de participer à la confection du traité avec l'Allemagne que d'approuver ou de désapprouver le traité lorsqu'il était déposé devant le Sénat. Toutefois, il n'est pas douteux que l'attaque dirigée contre le Président Roosevelt en 1906 par les sénateurs démocrates, et celle contre le président Wilson en 1919-20 par les républicains, avaient un caractère largement personnel et politique. Dans chaque cas, le but véritable était d'embarrasser et d'humilier le Président.

Au point de vue constitutionnel, l'opinion des républicains touchant le pouvoir de faire les traités était juste en 1906, mais en 1919-20, leur attitude a été indéfendable. Le véritable rôle constitutionnel du Président est de négocier et de conclure les traités; celui du Sénat se borne simplement à donner ou à refuser son consentement à la ratification.

Néanmoins, un Président politique et plein de tact, même s'il n'est pas tenu constitutionnellement de consulter le Sénat ou aucun de ses membres avant ou pendant les négociations, n'ignorera pas négligemment les sénateurs influents de l'opposition et, en particulier, ceux qui font partie de la Commission des affaires extérieures. Maintes et maintes fois, les secrétaires d'Etat, par l'intermédiaire desquels le Président dirige d'ordinaire les affaires étrangères, ont consulté à l'avance les principaux sénateurs des deux partis de manière à s'assurer leur appui lorsque le traité viendrait devant le Sénat. Il ne manque pas d'exemples que des traités aient été modifiés ou même abandonnés sur l'assurance donnée par les sénateurs ainsi consultés qu'ils n'obtiendraient pas l'assentiment du Sénat.

Le Président Mac-Kinley, à la fin de la guerre contre l'Espagne en 1898, alla même jusqu'à choisir une Commission de la paix presque uniquement composée de sénateurs, parmi lesquels se trouvaient des membres du parti démocrate ainsi que du parti républicain. Aussi, lorsque le traité revint de Paris, trouva-t-il peu ou point d'opposition de parti au Sénat et fut-il promptement ratifié.

En 1919, le Président Wilson adopta une autre méthode. Il ne semble pas qu'il ait consulté aucun des principaux sénateurs, pas plus ceux de son parti que ceux de l'opposition. Aucun membre du Sénat n'a été nommé à la Commission de la paix et le parti républicain était représenté par un seul plénipotentiaire qui n'était même pas l'un des chefs les plus actifs du parti, mais un diplomate en retraite. Le Président adopta également une attitude sans précédent, il se désigna comme membre de la Commission de la paix, ce qui l'obligea à quitter le pays pour de longs mois en violation de tous les précédents.

Pour rendre justice à M. Wilson, il est certain que sa

décision de quitter le pays et de participer personnellement à la négociation du traité de paix a été inspirée par les motifs les plus élevés. Il désirait être en situation d'exercer plus efficacement son influence personnelle et celle de l'Amérique en incorporant au traité certaines garanties dans l'intérêt d'une paix permanente, en particulier en faisant admettre le principe de la Ligue des Nations. Mais cette procédure inusitée fournit à ses adversaires politiques l'occasion de l'accuser d'avoir violé non seulement des précédents établis depuis longtemps, mais même l'esprit sinon la lettre de la Constitution elle-même. On prétendit qu'en choisissant la Commission de la paix, il avait délibérement ignoré le Sénat, qu'il avait également ignoré le parti républicain, en refusant de désigner comme membre de la Commission un seul de ses chefs les plus distingués et qu'il alla à la Conférence de la paix avec l'intention de dominer et de diriger les délégués américains. Ces accusations sont ou ne sont pas fondées. Je n'ai pas l'intention de juger une controverse qui a si malheureusement divisé notre peuple. Je dirai seulement que le Président n'a pas outrepassé ses droits constitutionnels en adoptant l'attitude qu'il a prise. Il faut reconnaître, en même temps, qu'au point de vue politique il n'a pas toujours agi avec tact et habileté. Il n'ignorait pas que le Sénat partageait avec lui le pouvoir de faire des traités, et il savait également que sa politique était de nature à provoquer une opposition de parti de la part du Sénat. Par conséquent, des considérations d'opportunité politique auraient dû le conduire à vaincre autant que possible l'opposition des sénateurs républicains, — comme le président Mac-Kinley le fit habilement en 1898, — en faisant preuve de conciliation, par des concessions, en consultant les principaux chefs du parti et en leur donnant une représentation plus large et plus relevée à la Commission de la paix.

CHAPITRE V

Les Partis politiques américains.

On pourrait être une autorité en ce qui touche à la Constitution des Etats-Unis et à celle des différents Etats, connaître admirablement l'organisation du gouvernement national et des gouvernements d'Etat ainsi que la jurisprudence de la Cour suprême et, cependant n'avoir qu'une faible idée des procédés et des façons d'opérer du gouvernement si l'on n'est pas au fait de l'organisation et des méthodes des partis politiques. Les Américains remarquent fréquemment, avec un certain sentiment de fierté, qu'ils ont un gouvernement de « lois et non d'hommes »; en fait, ce gouvernement est exercé par des hommes qui manifestent leur action en grande partie au moyen d'associations appelées partis politiques et qui, jusqu'à une date très récente, n'étaient pas même reconnues ni réglementées par la loi. Le fait est que le peuple des Etats-Unis est gouverné par des partis politiques; c'est le seul moyen d'assurer la responsabilité devant le peuple dans notre régime gouvernemental, si mal organisé par ailleurs pour en permettre l'application. Sans le mécanisme des partis, le gouvernement ne pourrait pas fonctionner. En réalité, quelques-uns des changements les plus importants dans l'exercice de notre système politique se sont produits, non pas au moyen de la législation ou de changements apportés à la Constitution, mais grâce aux coutumes et aux pratiques des partis politiques. Les partis politiques jouent, dans l'exercice actuel du gouvernement, un rôle à peu près semblable à celui de la vapeur dans la marche d'une locomotive ou des nerfs moteurs dans le fonctionnement de l'organisme humain. Ils fournissent la force motrice et l'huile lubréfiante nécessaires au fonctionnement de la machine gouvernementale. Par exemple, la Constitution écrite exige que le Président des Etats-Unis soit choisi par de petits groupements d' « électeurs », mais, en fait, il est choisi par un parti politique. La Constitution est muette quant au mode de sélection des candidats à la présidence ; ils sont, en fait, nommés par des partis politiques. Jusqu'en 1913, date d'une modification de la Constitution, il fallait que les sénateurs des Etats-Unis soient élus par les Assemblées d'Etat ; mais, dans la pratique, ils étaient désignés par une réunion secrète des membres du parti politique en majorité dans l'Assemblée et celle-ci se contentait de ratifier ce choix en réunion plénière. De même, la Constitution autorise la Chambre des représentants à choisir son Président (the « Speaker ») et les autres membres de son bureau ; en fait, ils sont également choisis par une réunion des membres du parti politique en majorité dans l'Assemblée. Durant ces dernières années, une plus grande partie de la législation importante du Congrès a été déterminée non par le Congrès tout entier, mais par une réunion (*caucus*) des membres du parti dominant. Ainsi, lorsqu'un projet de loi important est en discussion, il arrive souvent que les députés ou les sénateurs de la majorité se réunissent, décident de l'attitude qu'ils prendront à l'égard du projet de loi, et s'engagent à respecter la décision ainsi prise au moment du vote de la loi en séance. En somme, l'œuvre législative réelle prend place non dans la salle des séances du Congrès, mais dans une réunion secrète des membres du parti dominant, et étant donné que ceux-ci se sont engagés à voter pour ou contre la loi, les débats à la Chambre sont souvent inutiles et constituent simplement une perte de temps.

De même encore, la Constitution autorise le Président à nommer tous les fonctionnaires; mais, en fait, il agit d'accord avec les membres de son parti et même, dans de nombreux cas, sous la dictée des sénateurs de ce parti.

Ces exemples, et d'autres encore qu'on pourrait citer, montrent clairement que notre système de gouvernement, tel qu'il existe actuellement, fonctionne par l'intermédiaire des partis politiques, autrement dit que nous avons un gouvernement de partis.

Mais, bien que les partis politiques jouent actuellement le rôle que j'ai exposé, ils existent en dehors et indépendamment des organes du gouvernement et, comme je l'ai déjà dit, jusqu'à une époque très récente, ils n'étaient pas même reconnus par la loi. A ce point de vue, leur position est différente de celle qu'occupent les partis dans les pays de régime parlementaire, en particulier en Angleterre où l'organisation des partis est, dans un sens, identique à celle du gouvernement. On y reconnaît franchement que le Cabinet ministériel est un corps formé des chefs des partis. En ce qui concerne le Parlement, le Cabinet ministériel constitue l'organisation du parti; c'est un organe gouvernemental reconnu au moyen duquel le parti formule ses vues politiques et les met à exécution. Aux Etats-Unis, au contraire, on a établi un régime gouvernemental qui rend inévitable l'action des partis; mais les fondateurs de ce régime n'ont prévu aucun moyen de permettre au parti dominant de formuler ses vues politiques et de les mettre à exécution par l'intermédiaire d'un organe gouvernemental; il fallut donc organiser tout le mécanisme du parti en dehors du gouvernement, si bien que ses procédés et son activité sont, comme je l'ai dit précédemment, extra-légaux en grande partie et exercés au moyen d'organes complètement indépendants du gouvernement. Je puis remarquer, à ce propos, que l'organisation particulière du gouvernement américain accentue la nécessité du contrôle des partis et augmente le rôle que ceux-ci doivent jouer dans notre pays. En Amérique, les fonctionnaires exécutifs et administratifs sont, quant à leur politique ou à la durée de leur mandat, soustraits, dans une large mesure, au contrôle du pouvoir législatif; et les fonctionnaires administratifs inférieurs ont une indépendance presque égale à celle de leurs supérieurs. Il s'ensuit nécessairement que le seul contrôle effectif qui puisse être exercé sur les agents de l'exécution des lois est le contrôle fourni par les partis. En Angleterre et en France, le Parlement exerce un contrôle direct sur les ministres et, par leur intermédiaire, sur leurs subordonnés. En somme, il y a chez vous harmonie entre les pouvoirs exécutif et législatif; ceux qui font les lois veillent à leur exécution et votre Parlement, grâce au pouvoir qui lui est reconnu de renverser les ministères, est en position de rendre obligatoire l'exécution de la loi. De plus, avec votre système de centralisation administrative, les fonctionnaires du rang le plus élevé exercent sur leurs subordonnés un contrôle effectif. En Amérique, avec notre système un peu exagéré de séparation et d'indépendance des pouvoirs, nous n'avons, comme je l'ai dit, aucun contrôle effectif en dehors de celui qu'exercent les partis politiques. Ils doivent veiller non seulement à ce que les législateurs votent les lois que demande le peuple, mais à ce que les fonctionnaires exécutifs les appliquent. En d'autres termes, c'est de l'action des partis politiques que nous devons attendre cette harmonie et cette coordination entre les pouvoirs législatif et exécutif que votre système parlementaire assure en dehors de l'intervention des partis. La tâche des partis politiques et le rôle qu'ils doivent nécessairement jouer pour assurer l'harmonie entre le législatif et l'exécutif, et, par suite, l'exécution par un des pouvoirs de lois faites par un pouvoir séparé et indépendant, sont beaucoup plus importants en Amérique qu'en France. Notre système de gouvernement nécessite donc des partis politiques puissants, vigilants et fortement organisés pour assurer la responsabilité et le contrôle de l'exécution de la loi.

Cependant, c'est un fait curieux à constater que les fondateurs de la République considéraient les partis politiques avec méfiance et même avec crainte, un peu comme Chatham et Bolingbroke en Angleterre et comme vos ancêtres de la Révolution considéraient les clubs politiques, c'est-à-dire comme des factions nuisibles au bon ordre du pays et inconciliables avec un gouvernement stable. Le premier de nos présidents, Washington, qui donna à ses compatriotes tant de sages avis dont la plupart ont été respectés et suivis jusqu'à ce jour, les mettait en garde dans son discours d'adieu contre « les effets funestes de l'esprit de parti ». « D'après une certaine opinion, disait-il, les partis constituent dans les pays libres un contrôle utile sur l'administration du gouvernement et entretiennent vivant l'esprit de liberté. C'est probablement exact jusqu'à un certain point, et, dans les gouvernements monarchiques, le patriotisme peut considérer l'esprit de parti avec indulgence sinon avec faveur. Mais dans les gouvernements de caractère populaire, dans les régimes purement électifs, c'est un esprit qu'il ne faut pas encourager. » Il semble qu'on soit fondé à dire que les pères de la République désiraient que le gouvernement soit dirigé par le peuple entier au moyen de ses fonctionnaires et de ses représentants élus, sans avoir égard aux partis et dans l'intérêt commun de tous. Ils n'auraient sans doute jamais pu imaginer qu'au bout de quelques années le gouvernement tomberait aux mains d'un parti politique qui l'exercerait surtout dans son propre intérêt.

A l'origine, Washington dirigea le gouvernement suivant l'opinion qu'il avait des partis politiques. Il choisit pour membres de son premier cabinet des hommes d'Etat dont les opinions sur les fonctions du gouvernement et la nature de la Constitution étaient grandement différentes de celles que professent aujourd'hui MM. Lodge et Bryan et lorsqu'il procéda à la nomination de fonctionnaires fédéraux, ses choix s'inspirèrent toujours uniquement de considérations de mérite et d'aptitude. Il ne prononça jamais de révocation pour motif politique et son successeur Adams suivit son exemple à cet égard. Il essaya par tous les moyens de décourager l'esprit de parti et d'empêcher la division du peuple en groupes politiques. Mais ses espoirs devaient être vains. Il était à peine entré en fonctions que des signes de division de partis commencèrent à se faire sentir dans le Cabinet ministériel. Ses deux ministres principaux, Hamilton et Jefferson, se trouvèrent en complet désaccord sur l'interprétation de la Constitution et surtout sur les pouvoirs respectifs du gouvernement national et des gouvernements d'Etat. Hamilton préconisait une interprétation assez libre de la Constitution avec un pouvoir central puissant; Jefferson au contraire pensait qu'il fallait s'en tenir strictement aux termes de la Constitution et restreindre les pouvoirs du gouvernement national à ceux que la Constitution lui avait expressément conférés. Ils différaient aussi d'opinion quant aux grandes mesures financières à prendre, telles que la fondation d'une Banque nationale, la reconnaissance par le gouvernement national des dettes contractées par les Etats, principalement pendant la guerre d'Indépendance, les tarifs douaniers et autres questions. Enfin, la guerre qui éclata en 1793 entre l'Angleterre et la France et la question de nos obligations envers la France en vertu du traité d'alliance de 1778 accentuèrent encore les divergences entre les membres du Cabinet. En conséquence, Washington fut amené, bien qu'à regret, à réorganiser le cabinet en écartant Jefferson et les autres membres qui se trouvaient en opposition avec sa politique.

Depuis cette époque jusqu'à nos jours, à de rares exceptions près, le Cabinet ministériel que forme le Président a toujours été composé exclusivement de membres de son propre parti. Les Cabinets de coalition que vous avez en France sont presque inconnus en Amérique. Même durant la dernière guerre, alors que la plupart des gouvernements européens réorganisaient leurs ministères en faisant appel au concours d'hommes d'Etas appartenant à divers partis en dehors de la majorité, le Président repoussait la demande d'une grande partie de l'opinion publique et refusait de prendre dans le cabinet un seul représentant du parti républicain. Pendant les années de guerre, une notable partie de l'opinion soutint que les préoccupations politiques devaient être ajournées et que le Président devait choisir ses conseillers parmi les hommes d'Etat éminents du pays, sans avoir égard à leurs liens de partis. Mais le Président pensait apparemment qu'un ministère ainsi composé ne pourrait pas fonctionner harmonieusement et que le danger d'avis différents dans le gouvernement dépasserait les avantages qui pourraient résulter de l'accueil fait à des hommes d'Etat appartenant à d'autres partis, quelque capables, patriotes et loyaux à leur pays qu'ils pussent être.

Bien que les fondateurs de la République aient jugé que les partis politiques étaient dangereux et devaient être découragés, ces partis, ainsi que je l'ai dit, firent bientôt leur apparition. La République avait à peine achevé la première décade de son histoire que le pays était déjà assez nettement partagé entre deux groupes d'opinions très différentes, et la troisième élection présidentielle, — celle de 1800 — fut une véritable lutte de partis. Jefferson fut élu à la Présidence par un parti qui professait une opinion très nette en ce qui concerne l'interprétation de la Constitution, les mesures financières, la démocratie, la liberté, les rôles respectifs du gouvernement national et des gouvernements d'Etat, etc..., et le parti adverse soutenait des vues opposées. Depuis cette époque, jusqu'à nos jours, exception faite pour une courte période qui s'étend de 1820 à 1824, il y a toujours eu en Amérique au moins deux partis politiques bien définis, dont l'un a été au pouvoir à la présidence et a généralement dominé aussi — bien que ce ne soit pas une règle absolue — dans l'une ou dans les deux Chambres du Congrès. La grande masse des électeurs du pays s'est rattachée à l'un ou à l'autre de ces partis. Certainement, il y a eu et il y a encore aujourd'hui plusieurs partis politiques secondaires, mais leur influence a été presque entièrement négligeable. C'est ainsi que, pendant de nombreuses années, nous avons eu un parti prohibitionniste fondé dans le but d'obtenir l'abolition de la fabrication et de la vente des liqueurs alcooliques. Ce parti a réuni à intervalles réguliers une Convention nationale et a désigné des candidats à la Présidence et à la Vice-Présidence des Etats-Unis ; mais jusqu'ici, aucun de ses candidats n'a obtenu une seule voix au collège électoral présidentiel, bien que le parti ait souvent réussi à faire élire quelques-uns de ses partisans aux législatures d'Etat. Il a exercé une importante influence en provoquant des restrictions locales au trafic des liqueurs et a fortement contribué à l'adoption par le pays du récent amendement à la Constitution fédérale qui prohibe la fabrication et la vente des boissons alcooliques aux Etats-Unis. Maintenant que le pays tout entier est « sec » (*dry*), il semblerait que ce parti n'ait plus de raison d'être. Il reste néanmoins organisé afin de veiller à la stricte application de l'amendement de prohibition, et il présentait même un candidat à la Présidence des Etats-Unis aux récentes élections présidentielles de 1920.

Depuis de nombreuses années, il y a eu aussi aux Etats-Unis sous différents noms un parti travailliste, mais sa force et son influence sont aussi restées insignifiantes. Le plus important des partis politiques secondaires est le parti socialiste, organisé en 1900. Son programme comporte le monopole pour l'Etat des chemins de fer, télégraphes, et autres moyens de production et de transport, l'élection populaire des juges fédéraux, l'assurance ouvrière obligatoire, l'abolition du Sénat fédéral, l'extension du referendum et autres procédés plus ou moins radicaux, dont certains, toutefois, ne sont plus considérés comme purement socialistes aux

Etats-Unis. En 1920, le parti socialiste réunit 950.000 voix pour son candidat présidentiel, mais avec notre système de choix par les électeurs présidentiels, ces voix ne comptèrent pas. Les socialistes ont parfois réussi à obtenir un représentant au Congrès, et, plus souvent, à faire élire quelques-uns de leurs candidats aux législatures locales et aux conseils municipaux. Il y a actuellement aux Etats-Unis deux partis communistes qui sont tous deux en grande partie bolchevistes, mais leurs voix ne sont probablement pas au nombre de plus de 50.000 ou 60.000. Il est maintenant illégal d'appartenir à un parti qui préconise le renversement du gouvernement par la violence, et bon nombre de communistes ont été récemment emprisonnés, ou, s'il s'agissait d'étrangers, déportés dans leur pays d'origine.

De temps en temps ont apparu d'autres partis secondaires qui n'eurent qu'une brève durée, et, dans certains cas, leur disparition fut presque aussi soudaine que leur apparition. C'est ainsi qu'à différentes reprises et sous des noms différents se sont constitués des partis agraires préconisant une législation de caractère généralement radical au profit des fermiers. Ils ont pu obtenir parfois quelques sièges au Congrès et aux législatures d'Etat, mais leur influence a été faible et, si tant est qu'ils en aient réellement exercé, elle a toujours gardé un caractère local.

Un parti plus important mais de durée aussi courte fut le parti progressiste organisé en 1912 et dont les membres se recrutèrent en majorité, sinon en totalité, dans les rangs des Républicains. Lorsque, en 1912, la Convention républicaine nomma à nouveau le Président Taft, surtout à cause de l'influence que lui-même et ses subordonnés avaient exercée sur le choix des délégués à la Convention nationale, et devant la popularité de la candidature de M. Roosevelt, ce dernier fonda et organisa avec ses partisans le nouveau parti progressiste qui le choisit promptement pour candidat sur un programme de nombreuses réformes économiques, politiques et sociales. Quelques-unes d'entre elles, comme la révocation populaire des décisions judiciaires que n'approuve pas l'opinion publique, furent très critiquées à raison de leur caractère radical et propre à détruire quelques-uns des principes si chers au peuple américain. Le parti de M. Roosevelt obtint des voix beaucoup plus nombreuses que le parti dont M. Taft était le candidat, mais cela n'eut pour résultat que de diviser les votes républicains et d'assurer l'élection du président Wilson, candidat du parti démocrate. Le nouveau parti avait été, dès sa fondation, composé surtout d'admirateurs et de partisans de M. Roosevelt ; aussi, lorsque ce dernier refusa d'accepter sa nomination en 1916, le parti fut-il dissous et la plupart de ses membres retournèrent-ils grossir les rangs du parti républicain. J'ajoute qu'il y a eu d'autres exemples d'organisation des partis nouveaux, mais de courte durée, issus de l'un ou de l'autre des deux partis dominants. Ainsi, lorsqu'en 1884, le parti républicain désigna M. Blaine pour la présidence, une scission se produisit dans le parti et un nombre important de ses membres se séparèrent de lui. De même en 1896, quand le parti démocrate désigna M. Bryan, un certain nombre de ses membres l'abandonnèrent et nommèrent un autre candidat. Dans chacun de ces cas, la division du parti en deux groupes aboutit à l'élection du candidat du parti adverse.

Ainsi, bien que pendant ces dernières années il y ait presque toujours eu trois, quatre ou même cinq partis politiques en Amérique, il y en a rarement eu plus de deux qui fussent réellement puissants. Le système des deux partis a donc été la règle. A ce point de vue, l'organisation des partis en Amérique diffère de ce qu'elle est chez vous et généralement aussi dans toute l'Europe continentale où c'est la multiplicité des partis qui est la règle. Il y a plusieurs raisons à cela. En premier lieu, l'existence de plus de deux partis a rarement eu une raison d'être aux Etats-Unis. La plupart des privilèges politiques et des réformes que réclament les partis socialistes d'Europe, le suffrage universel, le referendum, le scrutin secret, etc., existent déjà en Amérique. De même, les travailleurs Américains jouissent déjà d'un grand nombre de privilèges que réclament en Europe les partis ouvriers. C'est pourquoi beaucoup d'électeurs qui, s'ils vivaient en Europe, se rattacheraient à l'un des partis que je viens de nommer, se trouvent en parfait accord avec le programme du parti démocrate ou du parti républicain. En second lieu, l'organisation d'un nouveau parti national en Amérique représente une tâche si lourde et une dépense si considérable que seul un désir du peuple très affirmé et très répandu peut provoquer un mouvement de ce genre. Le pays est d'une étendue si vaste et le nombre des électeurs y est si grand que la dépense et l'effort impliqués par l'organisation d'un nouveau parti capable d'atteindre effectivement une quantité suffisante d'électeurs rendent de tels essais impraticables et futiles. Enfin, le tempérament politique américain n'est pas favorable à la multiplication des partis politiques; les Américains ne sont pas enclins à discuter sur des points subtils de théorie, ils ne se divisent donc pas facilement sur des questions secondaires ou des points de détail. Il s'ensuit que tous ceux qui s'accordent sur les principes fondamentaux se réfugient dans un parti qui leur est commun et il est bien rare qu'un nombre considérable d'entre eux se trouvent avec le reste du parti en désaccord suffisant pour justifier une scission et la création d'un nouveau parti. Nous croyons que le système des deux partis nous a épargné quelques-unes des difficultés que la multiplicité des partis et des groupements vous a causées en France comme, en général, dans les pays de l'Europe continentale. Cette organisation a beaucoup simplifié les procédés du gouvernement de parti et facilité énormément l'accomplissement de la lourde tâche que notre régime gouvernemental fait, comme je l'ai dit, retomber sur les partis politiques. Mais nous ne sommes pas du tout sûrs d'être éternellement préservés de ce que beaucoup d'Américains considèrent comme les graves dangers du système de la multiplicité des partis, tels que vous l'avez en France. On voit certainement poindre à l'horizon des signes qui indiquent que les partis démocrate et républicain sont destinés à perdre le monopole dont ils ont si longtemps joui et que quelques-uns des partis secondaires auxquels j'ai fait allusion, ou d'autres encore à créer, pourront acquérir une force suffisante, pour leur permettre de lutter de suprématie avec leurs vieux rivaux, maîtres du champ depuis si longtemps.

Les partis démocrate et républicain ont existé sous différents noms aux États-Unis presque dès l'établissement de la République. Il y a toujours eu un parti qui adoptait ou déclarait adopter certaines théories quant à l'interprétation de la Constitution et certaines traditions relatives aux rôles respectifs que devraient jouer dans notre système fédéral le gouvernement national et les gouvernements des Etats; et il y a toujours eu en même temps un autre parti qui se rattachait ou déclarait se rattacher aux théories et aux traditions opposées, bien que ni la théorie ni la pratique d'aucun de ces deux partis aient toujours été constantes, car la stabilité de programme, surtout dans la pratique, est la dernière vertu qu'on puisse attendre d'un parti politique.

En général, le parti démocrate s'est toujours déclaré partisan d'une interprétation strictement littérale de la Constitution, c'est-à-dire une interprétation qui limiterait les pouvoirs du gouvernement national à ceux qui lui sont expressément conférés par la Constitution ou à ceux qui sont nécessaires pour l'exercice des pouvoirs qui lui ont été ainsi spécialement délégués.

C'est pourtant le parti démocrate qui a étendu la Constitution jusqu'à la faire presque « craquer », suivant l'expression de Jefferson qui en était d'ailleurs responsable, afin de permettre au gouvernement d'acheter la Louisiane à la France. De même, pendant ces dernières années, chaque fois que le parti démocrate a eu le pouvoir et le désir d'atteindre un but que l'interprétation stricte de la Constitution aurait rendu impossible, il a jeté au vent ses anciens scrupules contre une interprétation libérale.

Le parti démocrate a aussi professé une sollicitude traditionnelle pour la sauvegarde des droits constitutionnels des Etats vis-à-vis du gouvernement national. Nous avons cependant vu récemment des représentants démocrates au Congrès, même les représentants du Sud, ancienne forteresse de la doctrine des droits des Etats, voter avec les Républicains ou contre eux pour obtenir des mesures qui, d'après la théorie démocrate primitive, constitueraient de graves empiètements sur les droits des Etats. Si le temps me le permettait, je pourrais vous citer de nombreuses lois votées dans de semblables conditions. Le parti démocrate, du moins du temps de Jefferson, était aussi extrêmement individualiste. Jefferson, le fondateur du parti, exprimait cette tendance en disant : « le meilleur gouvernement est celui qui gouverne le moins »; les fonctions du gouvernement devaient donc se restreindre principalement au maintien de la paix, de l'ordre et de la sécurité. Mais le parti a depuis longtemps cessé d'être individualiste en pratique, et pendant ces dernières années il a provoqué le vote de nombreuses lois de caractère largement socialiste.

On peut se demander s'il reste encore maintenant une différence fondamentale entre les deux partis quant à la délimitation des fonctions propres du gouvernement. La tradition d'individualisme a subsisté parmi les démocrates, mais elle n'a guère été autre chose qu'une tradition. En ce qui concerne les restrictions au trafic des liqueurs, par exemple, l'élément américain du parti démocrate s'est déclaré en faveur de la prohibition tout autant que le parti républicain, et ni l'un ni l'autre parti ne peut revendiquer la paternité du récent amendement à la Constitution qui interdit la vente et la fabrication des boissons alcooliques aux Etats-Unis.

Le parti démocrate s'est généralement montré opposé à l'établissement de tarifs protectionnistes, n'admettant que les droits de douane établis dans un but purement fiscal ; mais cette attitude n'a pas été unanime, car les démocrates de Louisiane ont généralement favorisé l'établissement de droits assez élevés pour protéger l'industrie du sucre contre la concurrence étrangère, et les démocrates de Pensylvanie, ont pris la même attitude quant à la protection des industries du fer et de l'acier. On peut signaler à ce propos qu'un Congrès démocrate a voté récemment une loi douanière destinée à protéger contre la concurrence allemande les industries américaines de teinturerie de création récente. Le parti démocrate s'est toujours opposé au vote de crédits pour la construction d'une marine marchande. Mais une grande partie du parti républicain s'est également opposée à cette politique. Aussi, bien que ce dernier parti ait été — exception faite de 16 années — constamment au pouvoir depuis la guerre de sécession, il n'a jamais cherché à développer la construction des bateaux par des mesures de ce genre.

Si nous envisageons maintenant le parti républicain, nous pouvons dire qu'en général il s'est montré enclin à admettre une interprétation plus libérale de la Constitution, surtout en ce qui regarde les dispositions relatives au gouvernement national; il a peut-être montré moins de sympathie que les démocrates pour les droits des Etats; il s'est toujours fait le champion d'un tarif douanier assez élevé pour protéger les industries et la main-d'œuvre américaines contre la concurrence étrangère; il a parfois demandé des crédits pour l'amélioration de la marine marchande. Il a favorisé l'attribution de pensions libérales aux soldats de la guerre de sécession et a montré beaucoup de sollicitude pour les droits politiques des nègres dont il s'attribue généralement l'émancipation. Toutefois, sur la plupart de ces sujets la différence porte plutôt sur une question de degré que sur un principe fondamental. De temps en temps, il est vrai, des questions ont apparu sur lesquelles existaient des différences de principes entre les deux partis; mais de telles questions sont survenues assez rarement. Le cas s'est présenté pourtant d'une façon très nette en 1896 quand le parti démocrate préconisait une politique financière qui aurait abouti, on le reconnaît généralement, à compromettre le système monétaire du pays. Mais, même à ce moment, le parti démocrate était divisé sur la question, ce qui permit l'élection à la présidence du candidat républicain. De même, en 1900, les deux partis avaient une attitude nettement opposée sur la question de notre politique coloniale, spécialement quant à l'acquisition des Philippines et autres îles au delà des mers; mais à présent ils ne se divisent plus, en ce qui concerne notre politique coloniale, que sur le point de savoir s'il y a lieu d'accorder bientôt l'indépendance aux Philippines. Les deux partis s'accordent à reconnaître que les Etats-Unis devront tôt ou tard se retirer des îles. Les démocrates demandent que cette mesure soit immédiate, bien qu'ils soient loin d'être unanimes à cet égard; les républicains soutiennent que, pour le bien des habitants eux-mêmes, les Etats-Unis ne peuvent pas abandonner les Philippines avant qu'elles aient fondé un gouvernement plus stable et prouvé plus complètement leur aptitude à se gouverner elles-mêmes sans l'aide de l'Amérique.

Enfin, en 1920, les deux partis se trouvèrent encore en opposition au point de vue de la politique étrangère et spécialement du rôle que devait jouer l'Amérique dans les affaires d'Europe et du monde en général. Ici, encore, toutefois, la différence était moins de principe que de degré; les deux partis s'accordaient à reconnaître que l'Amérique ne pourrait jamais retomber dans sa vieille politique d'isolement; ils différaient plutôt sur la question de savoir quelle forme devrait revêtir et sur quels points devrait s'exercer la coopération américaine. En réalité, l'opposition républicaine était dirigée bien plutôt contre la politique particulière du Président Wilson que contre le principe de la Ligue des Nations qu'il préconisait.

Exception faite de ces trois circonstances, il n'y a pour ainsi dire pas eu, depuis la guerre de sécession, d'élection présidentielle à propos de laquelle on ait pu voir entre les deux partis une différence fondamentale de politique sur un point nettement déterminé. Généralement, comme je l'ai dit, ces divergences ont été dues à la personnalité des candidats opposés, ou bien, si elles se manifestaient à propos d'une question de politique courante, il s'agissait d'une différence de degré plutôt que de principe fondamental. Il n'a pas été rare non plus de les voir patronner les mêmes réformes législatives, les républicains déclarant qu'elles devraient être accomplies au moyen de lois nationales, tandis que les démocrates soutenaient qu'elles devaient être amenées par l'action des Etats. En 1912, par exemple, les programmes des deux partis s'accordaient sur les points essentiels d'un grand nombre de sujets et, exception faite de la question des douanes, il n'y avait entre eux aucune différence nettement définie et déterminée. Mais il ne faut pas en déduire qu'il n'y ait pas des différences réelles entre les deux partis ; chacun d'eux a son histoire propre, ses traditions, ses hauts faits, son esprit qui le différencie de l'autre et qui répond aux idées et aux aspirations d'un groupe différent d'électeurs.

A ce propos, je remarquerai que les jeunes électeurs, pour choisir le parti auquel ils s'attacheront, s'inspirent de plusieurs considérations. Bien peu, sans doute, basent leur décision sur un principe réel ou une conviction définie quant aux buts ou aux théories de l'un ou de l'autre des partis. Une étude faite sur ce point parmi les étudiants de quelques-unes des plus importantes universités a permis de constater que le plus grand nombre d'entre eux choisissent leur parti comme leur religion : parce que leurs pères et leurs grands-pères en étaient membres. D'autres subissent l'influence du milieu, ou des sentiments. Ainsi, un jeune homme élevé dans l'atmosphère d'un foyer de Nouvelle-Angleterre se joindra presque sûrement au parti républicain ; il lui est aussi naturel d'être républicain qu'il est naturel à un Breton d'appartenir à la religion catholique. D'autre part, il est également naturel à un jeune homme né et élevé dans un Etat du Sud de se rallier aux démocrates ; et même, jusqu'à une époque récente, il ne paraissait guère honorable pour lui d'appartenir à un autre parti.

Géographiquement, la forteresse du parti républicain se trouve dans les Etats de la Nouvelle-Angleterre et dans les Etats du Nord-Ouest ; le parti démocrate n'obtient presque jamais la majorité dans les Etats de ces régions, bien qu'il y ait eu parfois quelques exceptions. Au contraire, si on en excepte quelques Etats situés à la limite du Nord et du Sud et où le parti républicain obtient de temps en temps la majorité, les Etats du Sud sont solidement démocrates. A cause de l'attitude du parti républicain sur la question des nègres, les blancs du Sud s'unirent fortement à la fin de la guerre de sécession pour faire échec à ce parti qui venait d'affranchir la race noire et d'imposer au Sud, pour un temps, la domination des noirs ignorants. C'est l'instinct de conservation qui fit passer à l'opposition les hommes de race blanche de ces Etats et bien que, par suite des restrictions au suffrage qu'ont introduites les Etats du Sud, le danger de la domination des nègres semble avoir disparu, les habitants de race blanche du Sud sont restés unis par la crainte et la défiance traditionnelle qu'ils conservent à l'égard des républicains. Par suite, dans la plupart des Etats du Sud, le parti républicain n'est guère autre chose qu'un nom ; sans doute, il y maintient une organisation, mais ses adhérents se limitent en grande partie aux fonctionnaires fédéraux ou aux électeurs qui désirent obtenir un poste au cas où le parti serait vainqueur aux élections présidentielles, et ce sont des noirs en majorité. Quel que soit le candidat démocrate désigné pour la candidature présidentielle, il est toujours sûr de réunir le vote unanime des Etats du Sud, à l'exception parfois, comme je l'ai signalé, de quelques-uns des Etats situés à la limite du Nord et du Sud. L'élection présidentielle dans le Sud n'est donc guère autre chose qu'une formalité; tout le monde y étant fortement attaché au parti démocrate, le nombre des électeurs qui prennent la peine de voter est relativement faible. A certains points de vue, il est regrettable que le Sud vote toujours avec cohésion pour le même parti parce que, non seulement cette contrée est ainsi privée des avantages manifestes qu'apporte, tant au point de vue de l'éducation qu'au point de vue de la politique, le système des deux partis, mais encore cette coutume empêche le Sud de conserver sur les affaires nationales l'influence qu'il exerçait avant la guerre de sécession et qu'il pourrait encore exercer s'il y existait deux partis rivaux fortement organisés.

Entre les Etats du Nord et ceux du Sud se trouve une rangée d'Etats «douteux» qui mettent en majorité tantôt l'un tantôt l'autre parti et c'est là que, pendant la campagne présidentielle, les deux partis concentrent leurs principaux efforts. C'est là que se trouve le champ de bataille le plus important, là que chaque parti dépense des sommes d'argent formidables pour obtenir la victoire aux élections, c'est là aussi que les orateurs politiques les plus en vue adressent leurs appels aux électeurs, c'est là enfin que la littérature de propagande inonde le pays et que la tempête sévit avec une violence inconnue des Etats totalement démocrates ou totalement républicains.

En Amérique, il y a, comme vous le savez, des millions d'électeurs de naissance étrangère. Les électeurs d'origine irlandaise se trouvent généralement dans les rangs du parti démocrate, surtout dans les grandes villes où il n'est pas rare de les voir, vainqueurs de l'élection, occuper eux-mêmes les fonctions officielles. Au contraire, la plus grande partie des électeurs d'origine allemande sont affiliés aux républicains, même lorsqu'ils se trouvent dans les Etats du Sud comme le Texas, quoique dans certaines villes un nombre assez considérable d'Allemands se rattachent au parti démocrate parce qu'ils trouvent que son attitude montre plus de sympathie pour la liberté personnelle telle que l'implique, par exemple, la libre vente des liqueurs et boissons alcooliques. L'élément scandinave, qui se trouve surtout dans le Nord-Ouest, est en majeure partie républicain, et ce fait est certainement dû surtout à l'influence du milieu. Il est assez difficile de classer l'élément français et anglais au point de vue politique; en fait, les Anglais et les Français qui ont acquis la nationalité américaine et, par suite, le droit de vote et d'éligibilité, sont en nombre relativement réduit, et ceux-mêmes qui se trouvent dans ce cas ne prennent pas à la politique américaine une part aussi active que les Irlandais et les Allemands.

Il est assez singulier de constater que, bien que les Etats-Unis constituent une République fédérale, composée maintenant de 48 Etats différents ayant chacun un gouvernement, des institutions et des problèmes économiques, politiques et sociaux qui lui sont propres, il n'existe pas cependant de partis d'Etats et, qu'à de rares exceptions près, il n'en a jamais existé. Les partis politiques aux Etats-Unis sont des partis nationaux dans leur organisation et leurs vues. Comme je l'ai déjà répété, il n'y a que deux partis importants, et, pour les élections d'Etat ou les élections locales, les votants ne se réorganisent pas en groupes différents pour mener leur campagne sur des questions locales et par l'entremise des partis locaux, ainsi que la logique semblerait l'exiger; mais il est curieux de constater qu'ils combattent dans les luttes politiques locales sous le drapeau démocrate ou républicain. En d'autres termes, les mêmes divisions de partis existent dans tous les Etats ; les directives des partis nationaux et locaux sont identiques. Il peut y avoir et, en fait, il y a fréquemment des questions locales sans aucun rapport avec celles qui divisent le peuple au moment des élections nationales ; mais cela ne change rien à la situation. Sur de telles questions, les républicains et les démocrates adoptent généralement une attitude opposée. Il peut s'agir de la réorganisation du gouvernement de l'Etat ou de quelque problème économique ou politique nouveau et purement local, mais il suffit qu'il y ait parmi les électeurs des différences d'opinion quant à la nécessité des mesures proposées, pour que l'un des deux grands partis s'en déclare partisan et que l'autre le combatte.

Ces luttes locales à l'intérieur même des organisations de partis nationaux provoquent des résultats curieux et parfois regrettables. Ainsi, même dans les élections municipales où des questions locales sont seules mises en jeu, les candidats se déguisent en démocrates ou en républicains et les électeurs les soutiennent ou les combattent suivant qu'ils appartiennent à l'un ou l'autre parti. Or les questions qui divisent les électeurs en démocrates et républicains sont des questions nationales et non locales, comme les tarifs douaniers, le système monétaire, la politique étrangère et autres sujets semblables ; il est donc absurde et illogique de voter pour ou contre un candidat qui se présente pour une fonction locale, suivant qu'il est démocrate ou républicain. Ainsi les candidats aux postes de juge municipal, de greffier du tribunal ou de répartiteur des impôts peuvent être et sont fréquemment élus simplement parce que, en ce qui regarde leurs convictions politiques nationales, ils se rattachent au parti démocrate ou au parti républicain, comme s'il y avait une méthode démocrate ou républicaine de juger les procès dans les tribunaux municipaux ou de répartir les impôts. Comme les élections nationales, d'Etat et municipales ont quelquefois lieu le même jour, le même bulletin de vote portant les noms des candidats nationaux, d'Etat et locaux; les électeurs sont fortement tentés de voter pour la liste (le *straight ticket*), c'est-à-dire que les électeurs démocrates voteront pour tous les candidats de leur parti sans exception, etc., et cette tentation est accentuée par le fait qu'on se sert d'un bulletin de vote sur lequel les noms des candidats sont inscrits en colonnes séparées portant chacune en tête le nom du candidat à la présidence des Etats-Unis et se terminant par celui d'un candidat local sans grande importance. Dans un cas semblable, un candidat présidentiel populaire peut arriver et parfois réussit à faire passer une foule de mauvais candidats locaux qui, si on les avait jugés d'après leurs mérites propres, et dans une élection différente, auraient certainement été battus.

Heureusement, on a remédié à cette fâcheuse situation dans certains Etats où les élections nationales, d'Etat et municipales sont séparées et se font à des dates différentes; on peut aussi remarquer que, même dans les Etats où les élections ne sont pas séparées, il y a eu dans ces dernières années, parmi les électeurs américains, une tendance marquée à montrer plus d'indépendance et à ne pas tenir compte dans leurs élections locales des théories nationales des partis. Mais il est regrettable que les questions locales soient encore si largement confondues avec les questions nationales et que les débats des élections locales ne soient pas dirigés par des partis locaux séparés par des divergences de vues différentes de celles qui divisent les électeurs lors des élections nationales. Mais l'organisation des partis distincts dans chaque Etat et dans chaque ville nécessiterait des dépenses et des efforts considérables et d'ailleurs, comme je l'ai déjà dit, les Américains ne fractionnent pas leurs partis aussi facilement que vous le faites en France. Par suite, les deux grands partis nationaux règnent seuls dans le champ de la politique et les éléments qui les constituent se retrouvent sur tous les points du pays. Sans doute, il y a parfois eu des exemples de questions importantes de politique municipale ou d'État provoquant l'organisation d'un nouveau parti municipal ou d'Etat, en dehors des cadres des partis démocrates et républicains. Il existe actuellement dans l'Etat de Dakota du Nord un parti de cette nature qui domine le gouvernement d'Etat, mais de tels exemples ont été rares et les nouveaux partis ainsi créés, bien qu'ils aient parfois réussi à s'assurer le pouvoir dans l'Etat ou la ville, ont été généralement de courte durée, leurs adhérents retournant par la suite dans les rangs du parti démocrate ou du parti républicain.

En dépit du rôle considérable qu'ils jouent dans notre gouvernement, les partis politiques ont été longtemps considérés aux Etats-Unis comme étant des associations purement volontaires et, par suite, comme n'étant pas soumis à la réglementation ou au contrôle du gouvernement. En conséquence, ils se développèrent et fonctionnèrent tout à fait en dehors du gouvernement, comme des groupements extra légaux. Notre théorie était la suivante : tandis que les procédés d'élection intéressent l'État qui doit, par suite, réglementer par la loi la façon de choisir les fonctionnaires publics, la manière dont les partis politiques choisissent ou, comme nous le disons, « nomment » leurs candidats ne le concerne nullement. En conséquence de cette théorie, les partis étaient laissés entièrement libres et échappaient au contrôle de l'Etat. Chaque parti s'organisait donc comme il lui plaisait et nommait ses candidats de la façon et au moment qu'il jugeait bon. Mais à la longue, il devint évident que cette distinction entre la nomination des candidats et l'élection finale, cette dernière seule pouvant être réglementée par la loi, ne reposait ni sur la logique ni sur la raison, puisque, dans les collèges électoraux où un parti était nettement en majorité, la nomination des candidats équivalait à une élection. Si donc les candidats n'étaient pas choisis loyalement et à juste titre par leurs partis, les résultats de l'élection finale ne pouvaient représenter le libre choix du peuple. Avec le temps, de graves défauts se manifestèrent en fait dans les méthodes qu'employaient les partis pour choisir leurs candidats. Les « primaires », comme on les appelle, c'est-à-dire les réunions au cours desquelles les partis nommaient leurs candidats, étaient quelquefois convoquées sans que tous les membres du parti en fussent avertis ou tenues en un lieu que beaucoup de ces membres ne connaissaient pas; les statuts du parti exigeaient que les votants subissent des épreuves qui empêchaient un grand nombre d'entre eux de participer au vote ; on commettait des fraudes qui avaient parfois pour résultat de rendre nulle la volonté du parti et on employait des fonds à des fins illégitimes. Pour remédier à ces abus, et à d'autres du même genre, les Etats se mirent à voter des lois pour réglementer les élections « primaires ». Ces lois fixaient la date des élections primaires, exigeaient qu'avis soit donné de la date et du lieu de ces élections, déterminaient les épreuves à subir pour devenir membre en titre du parti; elles réglaient même, dans une certaine mesure, l'organisation du parti, déterminaient la forme du bulletin de vote que chaque parti devrait employer, prévoyaient des sanctions pénales pour le vote frauduleux et apportaient des restrictions aux dépenses électorales des partis. En somme, les procédés auxquels les partis avaient recours pour choisir leurs candidats, étaient soumis à la même réglementation légale qui gouverne l'élection finale. La plus grande partie de cette législation était l'œuvre des législatures des différents États. Mais le Congrès ne pouvait demeurer indifférent et il a également voté des lois ayant pour objet la réglementation de l'activité des partis politiques dans les élections nationales.

Ainsi, en 1907, le Congrès vota une loi qui interdisait aux corporations de faire des dons d'argent à la caisse d'un parti dans un but électoral; en 1910, survenait une autre loi fédérale pour obliger les partis politiques à rendre publiquement compte des souscriptions par eux reçues et de leurs dépenses électorales; enfin, en 1911, on vota une nouvelle loi limitant la somme d'argent que les candidats au Congrès pourraient dépenser pour soutenir leurs campagnes électorales.

Nous avons ainsi fini par abandonner définitivement le principe primitif que les partis politiques sont des associations purement volontaires et, comme telles, soustraites à la réglementation légale. Durant ces dernières années, les méthodes et les agissements et même, dans une certaine mesure, l'organisation des partis ont été graduellement placés sous le contrôle du gouvernement et soumis à la réglementation légale. Nous avons été obligés de plus en plus de reconnaître que, sous notre régime, le parti politique est en fait un instrument, un moyen de gouvernement et, comme tel, doit être soumis dans ses agissements à la réglementation et au contrôle de la loi. La reconnaissance de ce fait était une conclusion logique et nécessaire et elle aurait dû se faire jour plus tôt dans notre histoire.

J'en arrive maintenant à considérer l'organisation et les méthodes de nos partis politiques. Expliquer une organisation si compliquée et si complexe pendant les courts moments dont je puis disposer, c'est une tâche vraiment très difficile et que je ne puis guère espérer mener à bien.

Naturellement, dans un pays d'une étendue aussi vaste que les Etats-Unis, où il y a maintenant environ 30.000.000 d'électeurs, où les partis politiques jouent un rôle si considérable, où les élections sont si fréquentes et le nombre des fonctions électives si élevé, l'organisation et le mécanisme des partis politiques doivent nécessairement être très compliqués; il faut un mécanisme permanent toujours prêt à être mis en marche et construit de telle sorte qu'il puisse s'étendre à tous les points du pays quelque éloignés qu'ils soient. La complexité de l'organisation et du mécanisme du parti est accentuée par le fait que la République est de forme fédérale, composée de 48 Etats indépendants dans une large mesure et dont chacun se subdivise à son tour en unités autonomes qui se gouvernent elles-mêmes et doivent avoir chacune un système local de parti. L'ensemble du système, qui s'étend d'une extrémité à l'autre du pays en passant par les Etats, les circonscriptions du Congrès, les comtés, les villes grandes ou petites et autres groupements locaux, peut être comparé à une série de roues s'engrenant les unes dans les autres, dont certaines accomplissent leur évolution en un cycle de quatre années et les autres en un cycle dont la durée diffère pour chacune et varie avec la fréquence des élections locales.

Le travail actuel des partis embrasse trois tâches différentes :

1° L'exposé du programme ou déclarations de principes comprenant les vues du parti sur les différentes questions soulevées au moment de l'élection;

2° Le choix des candidats ou, comme nous disons en Amérique, leur nomination;

3° La conduite de la campagne électorale.

Pour s'acquitter de la première de ces tâches, c'est-à-dire pour formuler le programme, il existe une hiérarchie de Conventions ou de Congrès nationaux, d'Etat, dans les circonscriptions du Congrès, dans les comtés, dans les grandes villes, etc...

En Amérique, nous attachons plus d'importance aux programmes officiels des partis, que vous n'en attachez en France. Vos candidats lancent leur profession de foi, et chacun d'eux conduit sa campagne en grande partie d'après son propre programme, sans s'inquiéter des autres membres de son parti.

Dans notre pays, la plate-forme électorale est, comme je l'ai dit, l'œuvre d'une assemblée du parti et les candidats sont supposés s'y tenir et patronner les opinions qu'elle exprime. Les candidats présidentiels qui sont certains de recevoir leur nomination, sont assez souvent consultés à l'avance par les chefs de leur parti sur l'exposé du programme, et le projet primitif est même parfois soumis à leur approbation.

Ainsi, en 1908, il était de notoriété publique que M. Taft et M. Bryan, dont la nomination par leur parti respectif était certaine d'avance, avaient tous deux pris une part importante à l'élaboration du programme électoral.

Dans certains cas, le candidat présidentiel a été jusqu'à notifier d'avance à la Convention qu'il n'accepterait pas sa nomination à moins que le programme ne comprenne certains dispositifs touchant les questions sur lesquelles il avait une opinion arrêtée. Il y a eu aussi des exemples de candidats refusant de patronner certaines déclarations du programme auxquelles ils étaient opposés. Les plates-formes électorales des partis américains sont naturellement formulées de façon à pouvoir s'adresser au plus grand nombre possible d'électeurs. En ce qui concerne les questions sur lesquelles les opinions sont très nettement partagées, les déclarations sont souvent conçues en termes évasifs ou ambigus, si bien que les candidats des diverses régions peuvent les interpréter dans des sens différents suivant l'opinion particulière des électeurs qu'il s'agit d'attirer. Les déclarations sont parfois destinées à plaire à une catégorie spéciale d'électeurs. Ainsi, le programme républicain renferme souvent une déclaration de principe en faveur de l'application des dispositions constitutionnelles fédérales qui concernent les droits de la race noire. Le programme des démocrates contient parfois une déclaration exprimant leur sympathie au peuple irlandais pour son désir d'indépendance, parfois aussi une déclaration en faveur de la « liberté personnelle », destinée à plaire aux partisans du commerce des liqueurs. Quelquefois, dans les Etats où se trouve une nombreuse population israélite, le programme électoral exprime aussi la compassion qu'éprouve le parti pour le sort des Juifs de Russie, etc.

Naturellement aussi, chaque exposé de programme comporte une attaque sévère dirigée contre la conduite et les opinions du parti opposé en même temps qu'une ardente apologie de son œuvre propre.

Le programme comporte de même, bien souvent, des promesses et des engagements que les candidats n'ont nullement l'intention de tenir. C'est le cas des engagements répétés pris par le parti républicain dans ses exposés électoraux, d'obtenir une réduction de la représentation au Congrès des Etats du Sud pour les punir d'avoir privé les nègres de leurs droits politiques. En 1912, la plate-forme nationale des démocrates contenait une déclaration en faveur d'un mandat présidentiel non renouvelable après les quatre ans; le parti entreprit même d'obtenir de son candidat, M. Wilson, qu'il s'engageât à accepter cette réforme; mais en 1916, au mépris de cette déclaration, les démocrates nommèrent à nouveau et réélirent M. Wilson et, pendant toute la campagne électorale de cette époque, l'engagement pris dans leur programme précédent fut totalement passé sous silence.

En dépit de l'importance qu'on attache en Amérique à la plate-forme électorale, il est évident que celle-ci est moins une expression honnête et sincère de l'opinion du parti sur les questions mises en jeu dans la campagne électorale ou une prise d'engagements destinés à être scrupuleusement tenus, qu'un moyen de s'attirer l'appui des électeurs; aussi la grande masse des électeurs en viennent de plus en plus à considérer sous ce jour les programmes des partis.

Les candidats ont été, en pratique, longtemps nommés par des Conventions ou des Congrès composés de délégués représentant les divers partis et ceci est encore vrai à l'heure actuelle pour les candidats à la présidence et à la vice-présidence des Etats-Unis. Dans certaines parties du pays, les candidats aux fonctions d'Etat sont eux aussi nommés encore de cette façon. Mais, dans ces dernières années, ce mode de nomination provoqua un grand mécontentement par suite de certains inconvénients qui se développèrent avec lui. Avec le temps, il arriva que les Conventions de parti tombèrent de plus en plus sous le contrôle des « patrons » (*bosses*), c'est-à-dire des politiciens de parti professionnels qui choisissaient en fait la liste des candidats, ne laissant à la Convention que le pouvoir de ratifier leur choix. Cet abus, joint à d'autres dont je n'ai pas le temps de vous parler, provoqua un mouvement en faveur de la nomination directe des candidats par les électeurs eux-mêmes aux élections dites « primaires ». La logique démocratique de l'époque jugeait que les électeurs étaient tout aussi capables de choisir directement leurs candidats, dans une élection populaire que de choisir les délégués d'une Convention susceptible de subir l'influence des « patrons » (*bosses*) ou qui pourrait, pour d'autres raisons, ne pas réussir à nommer les candidats dont le peuple désirait la nomination. En conséquence, la plupart des Etats abandonnèrent la méthode de nomination par Convention pour la méthode de nomination directe par les « primaires » de parti. Cependant, la méthode de nomination par Convention subsiste encore, comme je l'ai dit, pour le choix des candidats à la présidence et à la vice-présidence des Etats-Unis.

L'un des avantages dont se prévaut la méthode d'élections primaires directes pour le choix des candidats, c'est qu'elle constitue un moyen d'accroître l'intérêt actif des électeurs ; elle prive les « patrons » politiques de l'influence qu'ils exerçaient auparavant sur le choix des candidats et se trouve plus en accord avec les principes de la véritable démocratie. En effet, elle place directement entre les mains des électeurs le pouvoir de choisir leurs candidats, tandis que ce pouvoir se limitait auparavant au seul choix des délégués à la Convention, lesquels nommaient à leur tour les candidats. On a cependant élevé de nombreuses objections contre le système de nomination directe.

Les deux plus importantes portent sur ce que la nomination au premier degré tend à multiplier le nombre des candidats et augmente énormément leurs dépenses électorales puisqu'elle les oblige à faire appel directement à la masse des électeurs.

Les candidats doivent visiter toutes les circonscriptions électorales de l'Etat, se rencontrer personnellement avec les électeurs ou les atteindre par l'entremise des discours, de la presse ou des tracts. Dans un Etat, étendu comme l'Illinois ou l'Etat de New-York, cette tâche absorbe nécessairement une grande partie du temps et des ressources du candidat. Dans ces deux Etats, un candidat est obligé de dépenser environ 10.000 dollars, pour envoyer une carte postale à chaque électeur, ce qui est bien la moindre des choses qu'il doive faire pour réussir aux élections. Au cas où il a assez de chance pour se faire nommer candidat de son parti, il est ensuite obligé de mener une seconde campagne avant l'élection générale où se fera la nomination définitive. Avec un système pareil, le démagogue populaire et surtout le candidat riche qui dispose d'abondantes ressources pour supporter le poids considérable des dépenses qu'entraîne la campagne électorale, jouit d'un avantage important sur le candidat moins riche, mais peut-être plus digne de réussir. Dans une démocratie où le principe d'égalité fait partie de la foi nationale, et où nous nous ventons avec une certaine fierté que l'homme le plus pauvre et le plus humble a autant de chances de réussir en matière politique que le plus riche, un pareil système d'élection ne peut guère être considéré comme un système idéal.

Le troisième et dernier devoir qui incombe au parti politique consiste à organiser et à diriger la campagne pour l'élection de ses candidats. Le mécanisme employé dans ce but se compose d'une suite hiérarchique de comités allant depuis le comité national qui dirige la campagne présidentielle, jusqu'aux comités locaux dans les comtés et dans les villes d'importance diverse. Chacun de ces comités a un président et généralement aussi un trésorier qui recueille et dispense les fonds de la campagne électorale. Comme le Président, les représentants au Congrès, les sénateurs et les fonctionnaires d'Etat et locaux sont généralement tous élus en même temps, les comités nationaux, d'Etat et locaux unissent leurs efforts pour une fin commune, puisque le succès de la liste nationale entraîne généralement le succès de la liste locale. Pendant une campagne présidentielle, la lutte électorale s'étend à toutes les circonscriptions du pays. Naturellement, les efforts principaux des partis se concentrent, comme je l'ai dit, dans les Etats considérés comme « douteux », car c'est souvent de leur conquête que dépend le succès du parti. Le parti démocrate ne se préoccupe naturellement pas beaucoup des Etats du Sud : on peut être sûr qu'ils voteront toujours pour le candidat démocrate, quel qu'il soit. De même, le parti républicain ne se préoccupe guère des résultats du vote en Pensylvanie ou dans le Vermont, car ils y sont toujours favorables aux républicains. Mais dans les Etats incertains, comme l'Etat de New-York, du Massachusets, d'Indiana, d'Illinois, d'Ohio et quelques autres, les partis emploient toutes les ressources et toutes les méthodes dont ils peuvent disposer. C'est là que se réunissent les orateurs les plus distingués de chaque parti. Ils s'abattent sur toutes les villes et villages où les électeurs sont harangués et importunés nuit et jour. De grands meetings, des réunions de tout genre, des processions, des pique-niques, des démonstrations diverses occupent le temps et la pensée des électeurs. On organise des clubs politiques locaux de modèles variés. On imprime et on distribue des tonnes de tracts. On prépare des manuels de campagne électorale à l'usage des orateurs; les journaux du parti publient des colonnes d'arguments préparés tout exprès et qui s'adressent aux électeurs ; les murs, les arbres, les palissades, les monuments et les édifices se couvrent de photographies des candidats.

Les candidats présidentiels eux-mêmes se mêlent souvent à la lutte, voyageant parfois en train spécial d'un bout à l'autre du continent, faisant directement appel aux électeurs, car on a vu disparaître l'idée ancienne que les voyages de propagande électorale sont au-dessous de la dignité d'un candidat présidentiel. Dans les Etats douteux, on prépare les cartes-catalogues des électeurs sur lesquelles sont indiquées, autant que possible, les opinions et les intentions de chaque électeur et on adresse des appels personnels à ceux qui se montrent hostiles au parti ou indécis. Dans ces Etats, pas un électeur douteux n'est négligé. Quelquefois, des essais de propagande sont faits de maison à maison avant la période électorale pour qu'on puisse se rendre compte de l'état exact de l'opinion publique ; lorsque ces indications sont défavorables, le parti redouble ses efforts dans l'espoir de renverser la situation. Pendant les toutes dernières semaines de la campagne, les efforts et la tension sont extrêmes ; la nation entière semble un océan fouetté par la tempête ; les affaires sont en partie négligées et en baisse ; le temps et les pensées du pays sont absorbés par la grande lutte. Le pays entier est soulevé au plus haut degré d'un enthousiasme, d'une agitation et d'une tension inconnus dans aucun autre pays pendant les campagnes électorales. Les Américains trouvent cela tout naturel. Il s'agit là d'une grande lutte dont l'ampleur même fait appel à leur imagination que frappe toujours la grandeur sous quelque forme qu'elle apparaisse. C'est un combat auquel le pays tout entier prend part, et qui soulève son enthousiasme de la même façon qu'une partie de football ou de baseball soulève l'enthousiasme des assistants. Le fait que cette lutte dresse les uns contre les autres des millions d'adversaires et à pour enjeu la plus haute des récompenses ne fait que multiplier leur enthousiasme et accentuer leur effort et leur tension.

Il va sans dire que le coût d'une lutte pareille en argent, en temps, en effort et en baisse des affaires est absolument effrayant. Pendant la campagne présidentielle de 1896, on estima que les dépenses du comité national des partis républicain et démocrate s'élevèrent ensemble à près de dix millions de dollars dont 7 millions pour les républicains, non comprises, naturellement, les dépenses des comités d'Etat et des comités locaux. Heureusement, les dépenses furent beaucoup moins considérables pour les campagnes qui suivirent, bien que pour la campagne récente de 1920 elles aient probablement atteint le chiffre énorme de 1896. Si l'on tient compte des dépenses des organisations nationales, d'Etat et locales, en même temps que de la perte de temps et de la perte provenant de la baisse des affaires, on est probablement fondé à dire que la somme totale coûtée au pays par une campagne présidentielle n'est guère inférieure à 20.000.000 de dollars. Cet argent provient de diverses sources. Jusqu'à ce qu'une loi survînt pour l'interdire, le parti au pouvoir s'en procurait une grande partie au moyen de « taxes » sur les fonctionnaires fédéraux; une autre source importante résidait dans les dons des grandes sociétés, dont certaines versaient parfois des sommes de même importance aux caisses des deux partis en partant du principe qu'il était de bonne politique, quel que fût le parti vainqueur aux élections, de s'être mis en bons termes avec lui. Mais cette dernière source fut récemment supprimée comme la première par une loi du Congrès qui vint interdire les dons faits par les Sociétés dans un but électoral. Il existe toutefois des moyens de tourner aisément la loi. Une grande partie de l'argent qui se dépense maintenant dans les campagnes électorales s'obtient au moyen de souscriptions volontaires des fonctionnaires en exercice ou de ceux qui aspirent à le devenir au cas où leur parti réussirait aux élections. Le président au comité national promet parfois implicitement ou explicitement aux détenteurs de grosses fortunes, de leur faire obtenir de hautes situations diplomatiques ou autres positions importantes afin de les inciter à verser au parti des contributions généreuses. D'autres part, des millions de membres représentant tous les degrés de fortune, riches et pauvres, versent leur contribution simplement parce qu'ils désirent voir leur parti gagner l'enjeu de la grande lutte. C'est rarement une tâche difficile que de rassembler les sommes formidables nécessaires pour la campagne, car ainsi que je l'ai dit dans un exposé antérieur, les Américains versent leurs contributions à la caisse de leur parti politique avec la même libéralité et la même générosité dont ils font preuve vis-à-vis de leur église ou des institutions charitables.

Dans une campagne présidentielle comme celle de 1896, où d'importantes questions sont mises en jeu, la somme que les chefs de parti jugent nécessaire peut presque toujours être réunie, si élevée soit-elle. Le Congrès a récemment voté une loi pour exiger la publication de toutes les sommes reçues et dépensées au cours de l'élection, mais cette loi ne fixe aucune limite au montant des sommes qui peuvent être ainsi récoltées et dépensées. Je suis convaincu que sur les énormes souscriptions recueillies et dépensées par les partis pendant la campagne électorale, seule une partie relativement faible est employée à des fins illégales, c'est-à-dire pour pratiquer la corruption électorale ou acheter les votes des électeurs. De beaucoup la plus grande partie de cet argent est utilisée légalement, c'est-à-dire pour subvenir aux dépenses énormes mais légitimes que nécessite la poursuite de la campagne. Le caractère même de notre mode de nomination et d'élection, joint à l'étendue immense du pays, obligent les partis politiques et les candidats à dépenser l'argent avec prodigalité. Ainsi que je l'ai dit dans une conférence antérieure, cette nécessité est regrettable. L'argent, même utilisé dans un but parfaitement légitime, joue, je le répète, un rôle beaucoup trop important dans nos élections : c'est là, à mon avis, une des accusations les plus graves qu'on puisse élever contre nos méthodes politiques. On ne devrait pas être obligé de dépenser des sommes aussi énormes pour actionner la machine électorale ; ce système favorise sans aucun doute le candidat riche et le parti qui dispose des ressources financières les plus abondantes, si bien que, quelque peu fondée qu'une pareille idée puisse être, notre méthode donne l'impression aux Européens que c'est l'argent, plus que toute autre chose, qui détermine le résultat de nos élections.

CHAPITRE VI

L'Organisation Judiciaire Américaine

Il est à peine besoin de vous rappeler tout d'abord qu'en vertu de la forme fédérale du gouvernement des Etats-Unis, nous avons, en fait, deux systèmes judiciaires : l'un pour la Nation tout entière, et l'autre pour chaque Etat individuellement. Je dis *l'autre* pour les Etats ; en réalité je devrais dire *les autres*, car il y en a 48, un pour chacun des Etats de l'Union. Le pouvoir judiciaire, comme l'exécutif et le législatif, se divise entre la Nation et les Etats. Le pouvoir judiciaire de la Nation est exercé par une hiérarchie de tribunaux fédéraux ou nationaux, commençant à la base par les cours fédérales de district (il y en a en tout plus de 80, réparties dans le pays entier) et aboutissant à la Cour fédérale suprême à Washington.

En outre de ce qu'on peut appeler les tribunaux fédéraux ordinaires, compétents à la fois au civil et au criminel, il y a encore plusieurs tribunaux spéciaux qui ont été créés par le Congrès pour résoudre certains conflits de nature particulière. Telle est la Cour fédérale de réclamations à Washington, qui juge les réclamations de toute nature contre le gouvernement, et la Cour d'appel des douanes, qui juge les questions légales, relatives à l'interprétation des tarifs, en particulier des conflits concernant l'évaluation des articles importés de pays étrangers.

A ce propos, je dois vous faire remarquer qu'il n'y a en Amérique rien de comparable à vos tribunaux administratifs, de même qu'il n'y a aucun système de droit administratif. Les conflits qui s'élèvent entre les particuliers et les autorités administratives sont jugés par les tribunaux ordinaires, comme en Angleterre. Ainsi que je vous le montrerai dans ma prochaine conférence, le système de droit et de juridiction administratifs, tel qu'il est généralement adopté dans les pays de l'Europe continentale, n'a jamais paru désirable aux Anglais ni aux Américains et n'a pas fait un seul pas, jusqu'ici, dans aucun de ces deux pays. Chez nous, comme en Angleterre, le même droit régit à la fois les particuliers et les fonctionnaires, et les mêmes tribunaux jugent et les conflits de droit privé, et les conflits administratifs.

Parallèlement aux tribunaux fédéraux, établis sur le même territoire mais ayant une compétence tout à fait séparée et distincte, se trouvent les tribunaux d'Etats. La sphère de chaque catégorie de tribunaux est soigneusement définie par la Constitution, si bien que les chocs ou les conflits de compétence sont très rares.

Dans cette division de la compétence entre les tribunaux fédéraux et les tribunaux d'Etats, la Constitution nationale donne aux premiers un pouvoir juridictionnel sur toutes matières où sont en jeu des questions d'intérêt national ou international. Tels sont les conflits qui s'élèvent entre les

Etats eux-mêmes, entre les citoyens de différents Etats, ou entre des citoyens américains et des pays étrangers, les procès impliquant des droits créés par la Constitution fédérale ou les lois fédérales, les procès soulevés par les traités conclus avec des pays étrangers, les procès concernant des représentants diplomatiques, des procès d'amirauté et de juridiction maritime, etc...

Les Cours fédérales ont une compétence très restreinte, en matière criminelle, attendu qu'en Amérique l'élaboration et l'application du droit criminel sont, en grande partie, du domaine des Etats. La juridiction criminelle des cours fédérales se limite donc aux procès impliquant des violations du droit fédéral, telles que les contraventions aux règlements fiscaux, aux lois concernant la propriété littéraire, les brevets d'invention, le domaine public, etc...

Pour des raisons faciles à comprendre, il ne serait pas raisonnable de permettre aux tribunaux d'Etat de juger les questions de cette nature. Si on les y autorisait, la Constitution, les lois et les traités fédéraux ne seraient pas ce qu'on les déclare être, le « Droit suprême du pays » (*supreme law of the land*). De plus, les Cours des différents Etats pourraient rendre des arrêts en sens contraire, et, au cas de contradiction entre la Constitution et les lois nationales d'une part, et celles des Etats d'autre part, les Cours des Etats pourraient être tentées de soutenir la validité de leurs Constitutions et de leurs lois plutôt que de celles de la Nation. En d'autres termes, à la fois l'uniformité d'interprétation et le maintien de la suprématie de l'autorité nationale exigent qu'il y ait une organisation spéciale et distincte de tribunaux chargés d'interpréter la Constitution et les lois nationales et de veiller à leur application ainsi qu'à celle des droits individuels qui en dépendent. Toutes les questions autres que celles mentionnées ci-dessus sont de la compétence des tribunaux d'Etat, chaque Etat ayant liberté complète d'organiser son système judiciaire, de choisir ses juges et de réglementer sa procédure judiciaire d'après ses conceptions particulières.

Notre Union fédérale diffère, à ce point de vue, de la fédération allemande. En Allemagne, il n'y a pas comme chez nous deux catégories de tribunaux, l'une locale et l'autre nationale. Il n'y a qu'une hiérarchie unique de tribunaux, organisés d'après un droit unique qui s'applique à tous les Etats de la fédération, et dont la procédure est réglementée de même par une loi fédérale uniforme. En somme, bien qu'étant un Etat fédéral, l'Allemagne a une organisation judiciaire et une procédure uniformes pour tous les Etats de la confédération, tandis qu'en Amérique, comme je l'ai déjà dit, il y a autant de systèmes d'organisation judiciaire et de procédure qu'il y a d'Etats dans l'Union. Mais, en réalité, il s'agit là plutôt d'une apparence que d'un fait, car bien que chaque Etat soit, comme je l'ai dit, libre d'organiser son système judiciaire comme il lui plaît et de choisir ses règles de procédure sans s'inquiéter de ce que font ses voisins, il y a, dans la pratique, une ressemblance remarquable entre l'organisation judiciaire et la procédure des différents Etats.

Il y a, il est vrai, des différences de détail ; mais en ce qui touche aux principes fondamentaux, les différences sont de peu d'importance, surtout quant à la procédure, qui est en grande partie déterminée par le droit commun hérité d'Angleterre et base du système juridique de tous les Etats, la Louisiane exceptée.

Les tribunaux réguliers de chaque Etat sont hiérarchisés comme ceux de l'Union. Généralement, le premier degré de juridiction appartient au juge de paix ; au-dessus, il y a le

« county court » ou tribunal de comté ; puis le « circuit court » ou tribunal ambulant, et enfin la Cour suprême. En outre de ces tribunaux, on trouve parfois des tribunaux spéciaux, comme les tribunaux de réclamations, (*courts of claims*), les « probate courts » chargés de juger les questions relatives aux successions testamentaires et aux affaires des orphelins et des mineurs, et, dans certains Etats, des « equity courts » pour l'administration de l'équité. Dans la plupart des Etats, cependant, le droit et l'équité se sont fondus et sont tous deux appliqués par le même tribunal, bien que leurs dispositions et leur procédure demeurent différentes.

Juridiquement parlant, les tribunaux d'un Etat sont des cours étrangères au regard des tribunaux des autres Etats et ne sont pas liés par les arrêts de ces derniers, bien qu'il y ait un certain rapport entre eux. Dans les débats d'un tribunal d'Etat, l'avocat, pour appuyer ses arguments, citera souvent les décisions des tribunaux d'autres Etats et, bien que ne possédant pas un caractère obligatoire, ainsi que je l'ai dit précédemment, elles seront traitées avec respect, le poids qu'on leur attribue variant en raison de considérations diverses, en particulier en raison de l'importance du tribunal qui les a rendues. Ainsi, un arrêt de la Cour suprême de Massachusets ou de New-York sera d'un grand poids dans l'Illinois ou dans l'Ohio.

Bien que les tribunaux d'Etat et les tribunaux fédéraux aient leurs sphères propres et distinctes en matière de compétence, il ne faut pas en déduire qu'ils n'aient aucun rapport entre eux. La grande majorité des procès s'engagent devant les tribunaux d'Etat, car leur compétence embrasse la partie de beaucoup la plus considérable du champ des litiges, mais un procès engagé devant un tribunal d'Etat peut être déféré à une cour fédérale si le demandeur peut prouver que sa poursuite est relative à une question « fédérale », c'est-à-dire impliquant un droit ou une immunité revendiquée en vertu soit de la Constitution fédérale, soit des lois ou traités fédéraux, car, ainsi que je vous l'ai dit, les tribunaux d'Etat n'ont pas compétence en ces matières.

En outre, si un particulier a été condamné par une cour d'Etat pour avoir violé une loi d'Etat qu'il croit être contraire à la Constitution, aux lois, ou aux traités fédéraux, il peut en appeler à la Cour suprême des Etats-Unis qui siège à Washington et cet auguste tribunal statuera en dernier ressort sur la question d'inconstitutionnalité de la loi d'Etat. Par cette voie et par d'autres, un flot de procès s'écoule constamment des tribunaux d'Etat vers la Cour fédérale suprême à Washington, car cette Cour a seule le pouvoir de juger en dernier ressort si la Constitution ou la loi d'un Etat est contraire aux lois ou à la Constitution fédérales. En résumé, les tribunaux d'Etat ne peuvent décider en dernier ressort que des questions qui n'impliquent pas la suprématie de l'autorité nationale.

Aux Etats-Unis, les cours d'Etat et les cours fédérales sont organisées d'après le même principe général ; c'est-à-dire que les tribunaux inférieurs — ou de première instance — sont constitués par un juge unique, tandis que les cours d'appel seules sont organisées en collège. En France, toutes les cours et tous les tribunaux, exception faite du juge de paix, sont organisés en collège, c'est-à-dire constitués par plus d'un juge. Vous attachez beaucoup plus d'importance que les Anglais ou les Américains à ce que vous appelez la *pluralité des juges*. Vous pensez qu'il y a un certain danger à permettre à un juge unique de statuer dans un procès important. « *Juge unique, juge inique* », déclare une de vos anciennes maximes.

Il faut donc, pour que la justice soit bien rendue, que plusieurs juges concourent à la décision. Il faut reconnaître que l'argument a de la force; mais cela entraine nécessairement une multiplication considérable du nombre des juges et pratique une brèche importante dans votre budget de la justice, si bien que quelques-uns de vos anciens ministres de la justice, comme M. Cruppi, et quelques-uns de vos auteurs juridiques, comme le juge Coumoul de Toulouse, ont préconisé dernièrement de modifier le principe de pluralité des juges et de substituer un juge unique à l'organisation existante dans quelques-uns de vos tribunaux inférieurs. Je ne me propose pas de critiquer votre système et de défendre le nôtre; chacun d'eux me paraît avoir ses avantages et ses inconvénients. Dans le système américain du juge unique, exception faite des cours d'appel, le personnel judiciaire est en nombre relativement faible, et cela est encore plus vrai de l'Angleterre où le nombre total des juges (exception faite des juges de paix) ne dépasse guère une centaine de magistrats pour le Royaume-Uni tout entier. Même là où le principe de la pluralité des juges prévaut en Amérique, dans les cours d'appel, par exemple, ce n'est que dans une mesure très restreinte. Ainsi, la Cour suprême des Etats-Unis est formée de neuf juges, et ce nombre est rarement dépassé par les cours suprêmes des Etats.

Je dois aussi souligner en passant une autre différence entre l'organisation judiciaire d'Angleterre et d'Amérique et la vôtre. Pendant plusisurs centaines d'années, le système des « circuit judges » ou *juges ambulants*, a été appliqué en Angleterre. De là, il a passé en Amérique et on le trouve aujourd'hui dans la plupart des Etats. C'est-à-dire que les juges quittent un centre commun pour aller siéger dans un certain nombre de *chefs-lieux* (*county seats*) situés dans le « judicial circuit », c'est-à-dire l'étendue de la tournée judiciaire.

Ces tournées ressemblent un peu à celles d'un prédicateur ambulant qui va d'une communauté à une autre pour porter l'Evangile aux croyants et subvenir à leurs besoins religieux. Le juge passe une semaine ou plus dans certaines des villes de la circonscription qui relève de sa juridiction. Il y rend la justice aux plaideurs, après quoi il se rend dans d'autres villes de la circonscription et continue à se déplacer ainsi jusqu'à ce qu'il ait terminé sa tournée. Cette organisation est basée sur l'idée qu'il vaut mieux, pour la convenance des plaideurs, que le juge aille rendre la justice chez eux plutôt que de les obliger à venir la lui demander dans un lieu éloigné.

Bien que l'introduction du système des juges ambulants ait été discutée en France à l'époque de la Révolution, et ait été plus récemment préconisée par quelques-uns de vos ministres de la justice, à la fois pour des raisons de commodité pour les plaideurs et en tant que mesure d'économie budgétaire, il n'a, jusqu'ici, pas fait de progrès en France. Ce système se heurte chez vous à un certain préjugé, en particulier parmi les juges eux-mêmes. Il y a, sans doute, un certain avantage à avoir des cours permanentes établies dans un lieu donné et à obliger les plaideurs à y porter leurs procès, mais à moins de les contraindre au désagrément de longs trajets, cette organisation nécessite un plus grand nombre de tribunaux et de juges que le système des tournées judiciaires.

Les juges, en Amérique, sont choisis selon trois méthodes différentes que voici : 1° nomination par le Président de la République ou par les gouverneurs, s'il s'agit des juges des tribunaux d'Etat ; 2° élection par la législature ; 3° élection directe par le peuple. Tous les juges fédéraux, à tous les degrés de juridiction, sont nommés par le Président d'accord avec le Sénat.

A de rares exceptions près, le Président ne fixe son choix que sur des juges appartenant à son propre parti politique. Cependant, les Présidents Roosevelt et Taft n'ont pas adhéré strictement à cette règle, car tous deux ont nommé à la Cour suprême des juges appartenant au parti démocratique. Le choix des juges fédéraux par le Président a donné complète satisfaction et, dans le cours entier de notre histoire, peu de nominations ont fait l'objet de critiques fondées. Il se trouve pourtant quelques radicaux-démocrates pour préconiser l'élection des juges fédéraux par le peuple ; mais ils ne forment qu'une faible minorité.

Ils déclarent, très judicieusement, il faut le reconnaître, que, puisque les juges des cours d'Etat sont élus par le peuple, dans la plupart des Etats, un système logique exigerait que les juges fédéraux soient élus de la même façon. En somme, si l'élection populaire est la méthode de sélection la meilleure quand il s'agit de juges d'Etat, elle doit être tout aussi bonne dans le cas de juges fédéraux. Mais, en dépit de la rapide extension des idées démocrates parmi les dirigeants du pays, rien ne laisse prévoir que le mouvement en faveur de l'élection populaire des juges fédéraux doive réussir, surtout dans un avenir prochain.

Autrefois, les juges des tribunaux d'Etat étaient nommés par les gouverneurs ou par les Assemblées législatives ; mais avec la diffusion rapide des idées démocrates entre 1830 et 1850, ces méthodes ont été abandonnées pour le système d'élection directe par le peuple. C'est pourquoi il n'y a plus aujourd'hui que six Etats où les juges supérieurs soient nommés par le gouverneur, et quatre seulement où ils soient choisis par l'Assemblée législative. Dans les trente-huit autres Etats, ils sont choisis directement par le peuple.

Quant aux avantages respectifs de ces trois méthodes, il y a naturellement parmi les Américains des opinions différentes. Là où les juges sont désignés par l'Assemblée législative, on les choisit fréquemment parmi les membres mêmes de l'Assemblée; en fait, ils sont généralement choisis par une sorte de conclave (*caucus*), réunion des membres du parti politique en majorité dans l'Assemblée, et les fonctions de juge sont réparties entre les différentes sections de l'Etat sans qu'on se préoccupe beaucoup des aptitudes des candidats. Enfin, l'élection par l'Assemblée législative viole le principe américain sacro-saint de la séparation des pouvoirs. Pour ces différentes raisons, tous nos Etats sauf quatre ont renoncé à recourir au choix de l'Assemblée, et la Suisse exceptée, il n'y a pas aujourd'hui de pays européen qui suive cette méthode. Elle compte cependant encore de nombreux partisans, surtout parmi les membres du barreau. On prétend que le gouverneur est mieux qualifié que le corps électoral pour choisir un juge éminent. Mais en Amérique, où les nominations aux fonctions judiciaires aussi bien qu'administratives se font, en grande partie, d'après des considérations politiques, confier au gouverneur le pouvoir de choisir les juges, revient à lui donner la disposition de beaucoup de fonctions importantes qu'il pourra distribuer à ses amis et ses partisans en récompense de leurs services politiques. Heureusement, peu de gouverneurs ont commis de tels abus de pouvoir; certains, cependant, s'en sont rendus coupables et partout où a prévalu le système de nomination par l'exécutif, les gouverneurs ont toujours été fortement tentés de se servir des postes judiciaires de leur ressort comme d'une sorte de « butin » politique à utiliser pour l'avancement de leurs propres intérêts politiques.

De plus, la logique de notre démocratie extrême se révolte contre le fait de placer entre les mains du gouverneur de larges pouvoirs de nomination. D'après l'idée américaine de la démocratie, le peuple est tout aussi compétent pour élire ses juges que pour choisir les membres des pouvoirs exécutif et législatif. Cet argument a d'ailleurs été mis en avant par votre Clémenceau en 1883 en faveur de l'élection populaire des juges en France. Enfin, on peut remarquer qu'en Amérique les juges sont autorisés à invalider les lois pour inconstitutionnalité, ce qui revient en somme à leur confier un certain pouvoir politique, en vertu duquel ils peuvent annuler les actes de l'Assemblée législative : ils prennent donc une sorte de part négative à la détermination de la politique générale et on déclare qu'ils devraient, en conséquence, être nommés par le peuple lui-même.

Pour toutes ces raisons, le système d'élection populaire pour les juges des tribunaux d'Etat est devenu presque universel en Amérique. Mais une importante et respectable minorité maintient encore que la nomination par l'exécutif présente des avantages supérieurs. Les partisans de cette opinion démontrent que l'élection populaire diminue l'indépendance des juges en les obligeant à rendre des comptes à leurs électeurs; le juge qui rend un jugement contraire au sentiment public, quelque conforme que cet arrêt puisse être au droit et à la justice la plus stricte, peut se trouver dans la nécessité de justifier cette décision devant ses électeurs au moment de sa campagne de réélection. L'arrêt critiqué peut avoir impliqué une question de droit tout à fait technique que la masse des votants ne peut pas comprendre clairement, ou bien une question religieuse, ou encore certains droits des classes ouvrières dont l'attitude à cet égard peut être déterminée par leurs intérêts, leurs passions ou leurs préjugés particuliers. Le juge, obligé de rendre compte de cette façon à ses électeurs, s'il doit statuer dans un procès qui provoquera certainement l'opposition populaire, sera toujours tenté de résoudre la question dans un sens conforme aux vues du peuple, quand bien même l'application stricte du droit et la justice impartiale exigeraient une décision différente. Dans certains de nos Etats, nous ne manquons malheureusement pas d'exemples de juges qualifiés, courageux et intègres ayant échoué à leur réélection pour avoir rendu des arrêts impopulaires, même si ces arrêts étaient juridiquement irréprochables. En somme, l'élection populaire tend à transformer les juges en politiciens ; à des intervalles réguliers, il leur faut dépouiller leur robe, descendre de leur siège et soutenir une campagne électorale. En fait, depuis l'introduction du système de nomination des candidats par des électeurs primaires, ils doivent soutenir deux campagnes électorales ; on attend d'eux qu'ils fournissent de l'argent à la caisse de lutte électorale du parti et qu'ils sollicitent l'appui des électeurs de la même façon que les candidats aux fonctions politiques.

Naturellement, les qualités distinctives d'un juge capable et intègre ne sont pas toujours celles d'un politicien populaire ; ils font donc souvent de piètres candidats et sont battus par des adversaires qui savent mieux se rendre populaires, mais sont moins qualifiés pour des fonctions judiciaires. Enfin l'expérience a démontré, en Amérique, que les résultats les meilleurs peut-être sont obtenus dans les Etats où les juges sont nommés par le gouverneur. Le corps judiciaire y est, d'une façon générale, plus capable et entouré de plus d'estime et de confiance que partout ailleurs. Dans l'ensemble, c'est la nomination par l'exécutif qui paraît présenter le plus d'avantages. Il faut néanmoins reconnaître que l'élection populaire a été loin de produire les résultats désastreux que vous pourriez supposer. Il y a naturellement des Etats où ce système a parfois amené la nomination de juges plus politiciens que juristes, mais ce sont là des exceptions. Dans quelques-uns des Etats les plus anciens de l'Union, des traditions fortement enracinées ont maintenu le domaine politique complètement séparé du domaine judiciaire, si bien que les juges élus par le peuple, dans les Etats de cette catégorie, sont probablement tout aussi qualifiés que s'ils avaient été nommés par le gouverneur. Dans certains Etats, les membres du barreau, qui sont peut-être mieux qualifiés qu'aucune autre partie du corps électoral pour comprendre et apprécier les qualités requises pour un bon juge, jouent un rôle actif pour amener les partis politiques à choisir des candidats capables; et leur influence est évidente, les électeurs étant généralement disposés à voter pour un candidat qui a pour lui l'approbation des membres du barreau.

Les plus mauvais résultats du système d'élection populaire ont été constatés dans les grandes villes où il y a un nombre considérable d'électeurs ignorants, et cela tout spécialement lorsque les élections judiciaires coïncident avec les élections d'Etat et les élections nationales. Dans ce cas, les électeurs votent habituellement pour la liste de leur parti, si bien que les candidats judiciaires du parti qui est en majorité ont toutes chances d'être élus quand même ils seraient nettement inférieurs en caractère et en aptitudes aux candidats du parti adverse. Heureusement, dans de nombreux Etats, les élections judiciaires se font maintenant à une date différente de celle des élections du Président ou des représentants de l'État, cela pour encourager les électeurs à étudier plus soigneusement les candidats judiciaires et pour maintenir, autant que possible, les élections judiciaires en dehors des manœuvres de la politique nationale ou de la politique d'Etat. Dans quelques autres Etats encore, les candidats judiciaires sont aujourd'hui nommés par ce qu'on appelle les primaires « non partisans », c'est-à-dire que le bulletin de vote ne doit porter aucune indication quant au parti politique du candidat. Partout où ce système prévaut, il rend les électeurs plus aptes à fixer leur choix sans se préoccuper autant des opinions politiques du candidat.

En parlant du choix des juges, je dois remarquer qu'en Angleterre et en Amérique la magistrature n'est pas une profession au même degré qu'en France et dans les pays continentaux généralement parlant. En France, un jeune homme se rend apte à la carrière judiciaire par une éducation et une préparation spéciales. Il commence habituellement sa carrière judiciaire dans les tribunaux de première instance les moins importants. De là, il s'élève lentement de degré en degré jusqu'à ce qu'enfin, s'il vit assez longtemps, il puisse couronner sa carrière en revêtant la robe rouge de Conseiller à la Cour de Cassation.

Si un poste devient vacant dans l'un de vos tribunaux les plus importants, il est immédiatement occupé par promotion d'un membre d'une cour ou d'un tribunal inférieurs. Le barreau et la magistrature sont chez vous deux carrières séparées et distinctes et votre ministre de la justice ne nomme que rarement aux fonctions de conseiller ou de juge un avocat n'appartenant pas à la magistrature. C'est un système différent qui prévaut en Amérique et en Angleterre. La magistrature n'y est pas une carrière professionnelle permanente et le barreau n'en est pas nettement séparé. Si une vacance se produit à la Cour suprême, on n'y pourvoit généralement pas par la promotion d'un juge d'un tribunal inférieur, mais bien par la nomination ou l'élection d'un avocat qui peut ne pas avoir eu, et généralement n'a pas eu du tout d'expérience judiciaire.

C'est là une règle générale, bien qu'elle comporte quelques exceptions. Votre système a l'avantage de faire de la magistrature une carrière permanente, si bien qu'un jeune magistrat d'avenir peut envisager une carrière de juge qui ne se terminera qu'à sa 65e ou 70e année. Durant ces longues années sur le siège, il ajoute constamment à son expérience et à sa connaissance de la jurisprudence, ce qui augmente son utilité et ses capacités, et s'il devient un juge éminent l'Etat n'a pas à craindre de le perdre par suite d'un échec à une nouvelle candidature.

Par ailleurs, votre système a le défaut de faire dépendre en grande partie l'avancement d'un jeune magistrat de la faveur des ministres de la justice qui, s'ils le veulent, peuvent maintenir sa vie durant, au tribunal de première instance, un juge qui mériterait de siéger à la Cour de Cassation.

En outre, ce système de promotion tend à exciter chez les juges des ambitions — ce que vous appelez la « fièvre d'avancement » — qui les poussent quelquefois, eux ou leurs amis (en particulier les députés), à solliciter de l'avancement du ministre de la justice.

La vérité est qu'il n'existe probablement aucune méthode de recrutement des juges où la politique n'intervienne pas à un degré ou sous une forme quelconque. Dans l'ensemble, vous en souffrez moins en France que nous en Amérique et vous pouvez en être reconnaissants.

Quant à la durée des fonctions des juges, nous avons en

Amérique une règle particulière pour les juges fédéraux et une autre pour les juges d'Etat. Tous les juges fédéraux, à tous les degrés, sont nommés à leurs fonctions pour tout le temps où ils en resteront dignes, c'est-à-dire, en général, pour la vie. Cette durée est fixée par la Constitution fédérale et ne peut donc être modifiée par le Congrès. D'après une loi du Congrès, un juge fédéral qui a atteint l'âge de 70 ans et qui a siégé au moins 10 ans, peut prendre sa retraite, s'il le désire, en conservant son traitement entier; mais il n'y est pas obligé. En fait, les juges fédéraux usent rarement de cette faculté et restent généralement en fonctions jusqu'à la fin de leur vie ou jusqu'à ce que des infirmités du corps ou de l'esprit leur en rendent l'exercice impossible. En somme, chaque juge résoud pour lui-même la question de savoir s'il prendra sa retraite à 70 ans ou s'il continuera ses fonctions jusqu'à ce que la mort l'arrache de son siège.

Si nous considérons maintenant les gouvernements d'Etat, nous ne trouvons que trois Etats, (Massachusets, New-Hampshire et Rhode Island) où les hauts magistrats soient nommés ou élus pour leur vie. Dans tous les autres Etats la durée s'étend de deux ans dans le Vermont jusqu'à vingt et un ans en Pensylvanie, la durée la plus commune étant de six ou neuf ans.

Il y a un siècle, les juges étaient nommés à vie dans presque tous les Etats, mais la vague de démocratie qui ne tarda pas à déferler sur le pays et qui réclamait la réduction à une courte période de la durée des fonctions, s'étendit aux fonctionnaires du corps judiciaire ausi bien qu'à ceux de l'exécutif. L'élasticité des Constitutions d'Etat permit de les modifier aisément pour abréger la durée des fonctions, et cela fut fait vite et presque partout. Toutefois, la Constitution fédérale étant plus difficile à modifier, n'a pu être changée ; l'inamovibilité prévaut donc encore en ce qui concerne les juges fédéraux. C'est pourquoi nous avons, en cette matière comme en tant d'autres, deux systèmes différents, c'est-à-dire l'inamovibilité pour les juges fédéraux et une courte durée de fonctions pour les juges d'Etat. Comme vous pouvez le supposer, les avis sont très partagés en Amérique quant aux mérites de ces deux systèmes. D'une part, on déclare que les juges étant responsables devant le peuple aussi bien que les fonctionnaires des corps législatif et exécutif, la durée de leur mandat doit, en conséquence, être limitée aussi, même si elle ne peut pas l'être au même degré.

Par suite, les juges devraient, à de certains intervalles, être obligés de rendre des comptes à leurs électeurs comme les autres élus, et au cas où leur compétence ou leur conduite officielle n'aurait pas été au-dessus de tout reproche, ils seraient mis à la retraite et remplacés par d'autres juges. D'autre part, on fait valoir que les mandats courts ne laissent pas aux juges une grande indépendance. Obligés, à intervalles réguliers, de se soumettre au vote populaire pour leur réélection, avec toujours la perspective d'être battus au cas où leurs arrêts ne rencontreraient pas l'approbation populaire, ils ne se sentent pas toujours absolument libres de dire le droit sans peur ni partialité. De plus, cela tend à faire des juges des politiciens en les obligeant à affronter des campagnes électorales au cours desquelles ils doivent défendre leurs arrêts devant des électeurs fréquemment incapables de comprendre les délicates questions juridiques engagées ; cela tend aussi à porter atteinte à la dignité de la magistrature et oblige enfin les juges à de grosses dépenses électorales. L'opinion prépondérante parmi les membres de la magistrature et du barreau est en faveur de l'inamovibilité des hauts magistrats et cette opinion semble confirmée par la supériorité relative de la magistrature dans les quelques États où les juges sont nommés à vie. Néanmoins, comme le système d'élection populaire, le système des mandats courts a été loin de produire les fâcheux résultats que vous pourriez imaginer. Il y a eu naturellement des exemples de juges distingués et capables échouant aux réélections pour avoir rendu des arrêts impopulaires, mais ces exemples ont été relativement rares. Dans certains États où les juges sont élus pour de courtes périodes de temps, la tradition s'est formée de les réélire continuellement à moins que leur manque de caractère ou de compétence n'ait été clairement démontré. Dans le Vermont, par exemple, où les juges de la Cour suprême ne sont élus que pour deux ans, il est de pratique invariable de les réélire régulièrement, ce qui revient, en fait, à appliquer le système d'inamovibilité.

En France, exception faite des juges des tribunaux administratifs et des juges de paix, les magistrats ne peuvent être révoqués que sur décision de la cour siégeant en conseil supérieur disciplinaire. En Amérique, la révocation se fait habituellement par *impeachment*, c'est-à-dire sur jugement du Sénat siégeant en haute cour et statuant sur les accusations présentées par l'autre assemblée, la Chambre des représentants. On peut critiquer cette méthode pour la raison que le corps législatif, étant un corps politique, pourrait se servir de son pouvoir pour révoquer un juge pour des motifs d'ordre politique. Mais ce danger est en partie évité par le fait qu'on exige généralement une majorité des 2/3 des membres du Sénat pour prononcer la condamnation et la révocation du juge accusé.

On a introduit récemment, dans quelques États du Far-West, une méthode nouvelle et assez radicale pour la révocation des juges. C'est ce qu'on appelle la révocation ou

« rappel » populaire, organisée comme suit : sur pétition d'un certain nombre d'électeurs, habituellement 20 ou 25 pour cent, on soumet au collège électoral, sous la forme d'un referendum, la question de savoir si un juge contre qui des accusations ont été élevées doit être révoqué de ses fonctions. Au cas où la majorité des électeurs se prononce dans ce sens, le juge est automatiquement relevé de ses fonctions. Naturellement, l'introduction de ce système nouveau a soulevé en Amérique de nombreuses controverses. D'une part, on déclare que c'est une attaque dirigée contre l'indépendance de la magistrature, puisque ce système expose les juges à une possibilité de révocation si des décisions qu'ils rendent ne rencontrent pas l'approbation populaire. Dans ces conditions, le juge est exposé à la tentation de modeler ses jugements sur l'opinion de ses électeurs, bien que le droit et la justice puissent réclamer un arrêt en sens différent. La masse des électeurs est manifestement incapable de juger de la rectitude d'une décision judiciaire qui implique des questions juridiques techniques et délicates ; d'autres seront influencés par leurs passions, leurs intérêts et leurs préjugés. Les arrêts impliquant des questions de religion ou de race, ou mettant en jeu les intérêts de classes provoquent fréquemment le mécontentement populaire.

Si le juge est exposé au danger de la révocation populaire, constamment suspendue sur sa tête comme une épée à deux tranchants, il ne peut juger de ces questions librement sur la base du droit et de la justice, au cas où la loi exigerait un arrêt contraire au sentiment populaire. En somme, ce système tend à intimider le juge, à diminuer son indépendance et à le faire plier devant l'opinion publique, alors qu'il devrait être un serviteur fidèle et courageux du droit et un dispensateur de justice égale et impartiale, sans souci du sentiment populaire.

D'autre part, les partisans de la révocation populaire soutiennent que puisque les juges sont élus par le peuple (dans la plupart des Etats), puisqu'ils sont les agents du peuple au même titre que les autres fonctionnaires, ils sont comme eux responsables et doivent, en conséquence, être soumis à la révocation populaire pour incompétence, inconduite ou abus de pouvoir. A un ultra-démocrate, cette argumentation paraît tout à fait logique et serrée. Ses partisans méconnaissent pourtant la différence essentielle qui distingue les fonctions délicates d'un juge de celles d'un fonctionnaire administratif. En pratique, on n'a jamais eu recours à la révocation populaire dans aucun des Etats qui l'ont adoptée, exception faite pour un juge de police révoqué pour corruption en Californie — cas où la destitution était, il faut le reconnaître, parfaitement justifiée. Bien qu'en principe la révocation populaire soit un expédient radical qui, si l'on y recourait souvent, diminuerait sérieusement l'indépendance de la magistrature, j'ai confiance qu'on ne l'emploiera jamais d'une façon générale en Amérique et qu'on n'en abusera pas là où il est, en fait, admis.

Une forme plus ingénieuse et peut-être plus radicale de « rappel » populaire est celle qui ne s'applique plus au juge lui-même mais à ses arrêts qui peuvent être cassés par un vote du peuple. M. Roosevelt dans sa campagne électorale présidentielle de 1912 a préconisé ce système.

Lorsqu'un juge, disait-il, décide qu'une loi votée par les représentants du peuple est inconstitutionnelle, autrement dit quand il décide que le peuple n'a pas le pouvoir de faire une certaine loi qu'il désire, le peuple devrait pouvoir « rappeler » cet arrêt s'il le juge erroné; c'est-à-dire qu'il devrait avoir la suprématie sur le juge et que ses décisions devraient prévaloir sur celles de ce dernier. En vertu de la grande popularité de l'ex-Président, cette proposition quelque peu extraordinaire a trouvé de nombreux défenseurs en Amérique et a même été incorporée dans la Constitution du Colorado qui établit qu'au cas où la Cour suprême déclare une loi inconstitutionnelle, cinq pour cent des électeurs peuvent demander que cet arrêt fasse l'objet d'un referendum. Si la majorité des votants se prononce contre l'arrêt, la loi que la cour a annulée restera applicable, en dépit de la décision contraire du tribunal. Les partisans de cette méthode soutiennent qu'elle est devenue une nécessité, par suite de l'habitude qu'ont prise les cours suprêmes d'annuler trop souvent des lois que réclame le peuple et dont le besoin se fait vivement sentir. Les cours, assure-t-on, se sont opposées au développement des programmes sociaux, un peu à la façon dont vos anciens parlements s'opposaient aux réformes économiques de Turgot ou d'autres novateurs. Elles se sont arrogé le pouvoir de déterminer la politique générale; elles en sont venues, de plus en plus, à exercer des fonctions politiques aussi bien que judiciaires, etc. En conséquence, elles doivent être placées sous le contrôle du peuple au moyen du « rappel » des arrêts.

Il faut admettre que la critique des tribunaux est en partie fondée, quoiqu'on ait beaucoup exagéré dans ce sens. Mais les juges ne sont pas entièrement à blâmer. Le peuple a adopté des constitutions écrites qui restreignent sévèrement le pouvoir législatif et il attend de la Cour suprême qu'elle maintienne l'Assemblée dans la sphère qui lui a été assignée par la Constitution. Lorsque la Cour suprême a annulé des actes législatifs, c'était parce que l'Assemblée n'avait, de par la Constitution, aucun droit d'établir une telle loi, le peuple ayant lié les mains du législateur au moyen de restrictions ou de prohibitions constitutionnelles. C'est donc le peuple qu'il faut blâmer plutôt que les tribunaux, et le véritable remède ne réside pas dans l'autorisation donnée aux électeurs de casser les arrêts des cours, mais bien dans l'amendement de la Constitution et la suppression des restrictions au pouvoir législatif. On a d'ailleurs pris des mesures de ce genre dans les Etats où des lois utiles avaient été déclarées inconstitutionnelles par la Cour suprême. Un autre remède a été adopté dans quelques Etats, pour répondre à la critique faite aux cours suprêmes de déclarer trop souvent inconstitutionnels des actes législatifs, à la simple majorité (la décision étant prise, par exemple, à la majorité de 5 juges sur 9). Ce remède consiste à exiger, pour que soit valable un arrêt déclarant une loi inconstitutionnelle, que cette décision ait été prise à une majorité extraordinaire, des deux tiers ou des trois quarts des juges, par exemple, ou encore que l'arrêt ait été rendu à l'unanimité sauf une voix. L'adoption générale de cette exigence diminuerait certainement le nombre des arrêts de ce genre et contribuerait donc, dans une large mesure, à tarir la source d'une grande part du ressentiment populaire contre les tribunaux.

Après la sécurité des fonctions, rien ne contribue autant à l'indépendance des juges qu'un traitement fixe et suffisant. En ce qui concerne les juges fédéraux, cette garantie existe en Amérique. Sans doute, le Congrès est libre de fixer le traitement des juges fédéraux à telle somme qu'il jugera convenable, mais une fois fixé par la loi, ce traitement ne peut plus être diminué.

Quelques Etats ont adopté ce principe pour leurs propres juges. Les émoluments des juges américains sont, en général, de beaucoup inférieurs à ceux des juges anglais qui touchent des traitements énormes, mais ils sont cependant très supérieurs à ceux des juges français et des juges de l'Europe continentale en général. Les juges de la Cour suprême des Etats-Unis touchent 15.000 dollars par an (soit 225.000 fr, au cours actuel du change); les autres juges fédéraux reçoivent naturellement moins, le montant de leur traitement variant avec le rang des cours auxquelles ils appartiennent. Sauf quelques exceptions, les juges des cours d'Etat ne sont pas payés aussi généreusement. Dans quelques Etats, leur traitement ne dépasse pas 2.500 dollars par an pour les juges de la Cour suprême; dans d'autres, il atteint 10.000 dollars, et, dans l'Etat de New-York, certains juges de la Cour suprême reçoivent 17.000 dollars par an. Les traitements habituels varient entre 5.000 et 8.000 dollars par an.

Il est évidemment très difficile d'évaluer les mérites du système américain dans l'ensemble. En effet, il n'y a pas seulement deux catégories de magistratures, celle de la Nation et celle des Etats, mais il faut tenir compte aussi des différences qui existent entre les systèmes des 48 Etats. Une appréciation qui s'applique à l'un des Etats ne s'appliquerait donc pas aux autres. On peut toutefois dire, sans crainte d'erreur, que la magistrature fédérale — dont les juges sont nommés à vie par le Président, reçoivent un traitement d'un chiffre assuré et ne sont pas soumis à la révocation populaire —, jouit d'un respect et d'une considération nettement supérieurs à ceux dont sont entourées les magistratures d'Etats. Cela est tout particulièrement vrai de la Cour suprême fédérale. Siéger à cette Cour, est l'honneur le plus élevé auquel un juriste américain puisse prétendre et le couronnement de l'ambition de n'importe quel grand avocat. A de très rares exceptions près, les juges qui siégèrent à ce tribunal ont tous été d'éminents juristes, commandant le respect et la confiance du barreau et du public en général. Pendant les 130 années écoulées depuis la création de cette Cour, aucune charge n'a jamais pu être relevée contre la capacité, l'intégrité ou l'honnêteté d'aucun de ses membres. Je n'hésite pas à dire qu'aucune autre institution de la Démocratie américaine n'est aussi hautement respectée et estimée et, je puis ajouter, n'est plus généralement admirée par les Européens qui étudient notre système de gouvernement que la Cour fédérale suprême.

Ceci n'est naturellement pas aussi vrai des cours fédérales de moindre rang. Leurs juges, nommés à vie par le Président, jouissent d'une égale indépendance, mais généralement ils ne sont ni aussi capables ni aussi éminents que les juges de la Cour suprême. Beaucoup d'entre eux sont même inférieurs, à ce point de vue, à certains juges des tribunaux d'Etat. Ils ne sont malheureusement pas choisis avec autant de soin que les membres de la Cour suprême. Le Président s'en remet souvent pour cela à la recommandation des sénateurs des Etats où les juges exercent leurs fonctions. Les considérations politiques jouent donc un rôle important dans ces nominations. Naturellement, les magistratures d'Etat, composées de juges qui sont, dans la plupart des Etats, élus par le peuple et pour de courts mandats, font preuve de moins d'indépendance que les juges fédéraux. Cela, joint au fait que la position de juge d'Etat est moins largement rémunérée et moins honorifique que celle de juge fédéral, prive les juges d'Etat de la considération qui entoure les membres des cours fédérales.

Néanmoins, dans quelques-uns des États plus anciens où les juges sont nommés à vie, bien rétribués, et où règnent de fortes traditions en faveur de l'indépendance de la magistrature, les juges sont comparables aux magistrats fédéraux et entourés du même respect.

On croit assez généralement en Europe que beaucoup de juges américains sont corrompus, qu'ils achètent leur siège, et que leur conduite judiciaire est souvent influencée par la politique ou d'autres considérations étrangères à la bonne administration de la justice. Cette croyance n'est aucunement fondée. Il y a malheureusement eu, autrefois, dans quelques grandes villes, des exemples de juges qui se procurèrent leur siège au moyen d'argent et dont la conduite judiciaire ne fut pas au-dessus de tout reproche. Mais ces exemples ont toujours été très rares et, dans ces dernières années, on n'en a constaté aucun. Je crois vraiment que les juges américains, dans l'ensemble, peuvent honorablement supporter la comparaison avec ceux des autres nations sous les divers rapports de la capacité, de la probité et du sens élevé de l'honneur. En Amérique, on critique souvent les tribunaux parce qu'ils taxent d'inconstitutionnalité des actes législatifs; les organisations ouvrières protestent de temps en temps contre les décisions qui contrarient les grèves, et le mécontentement populaire se manifeste parfois quand un procès n'aboutit pas, par suite des lenteurs de l'instance, des grandes facilités d'appel à un tribunal supérieur et de l'importance exagérée donnée à la forme plutôt qu'à l'intérêt réel des questions en jeu. Mais ces causes de récriminations et de mécontentement sont dues aux défauts de nos méthodes de procédure et à notre système d'organisation judiciaire plutôt qu'au caractère et à la capacité des juges. En somme, la critique populaire est dirigée moins contre les juges eux-mêmes que contre le système d'administration de la justice.

En Amérique, comme peut-être en France, la partie la plus faible et la moins satisfaisante de l'organisation judiciaire est celle qui concerne l'administration de la justice dans les tribunaux inférieurs, c'est-à-dire dans les tribunaux de justice de paix et dans les tribunaux municipaux des grandes villes. Ces tribunaux ont à connaître d'une quantité énorme de petits litiges à la fois civils et criminels. Ce sont en fait ces tribunaux auxquels ressortissent le plus grand nombre de plaideurs. Ils sont cependant formés de magistrats qui ont rarement reçu une éducation juridique. Ces magistrats sont élus par le peuple pour une courte période et au lieu d'un traitement fixe, ils ne touchent que des honoraires, c'est-à-dire qu'ils reçoivent une certaine somme pour chacun des procès qu'ils jugent.

Les juges de paix sont ainsi amenés à solliciter les procès en concurrence avec leurs collègues (car il peut y avoir une demi-douzaine de juges de paix dans la même circonscription judiciaire) et ils se mettent parfois de connivence avec des avocats pour que ceux-ci leur apportent des procès. Il y a malheureusement eu, dans quelques grandes villes, des exemples de juges dont le caractère, aussi bien que la capacité, ne sont pas au-dessus de tout reproche et qui vendent la justice plutôt qu'ils ne la distribuent impartialement à tous. On a élevé de nombreuses critiques contre l'organisation entière du système d'administration de la justice dans ces tribunaux et, durant ces dernières années, on a, dans beaucoup de grandes villes, apporté des améliorations très sensibles à l'organisation du système judiciaire local.

CHAPITRE VII

Le Système Juridique : Idées et Conceptions juridiques

Dans cette conférence je vais essayer d'esquisser le système juridique des Etats-Unis, d'attirer votre attention sur certaines conceptions du droit qui sont tout spécialement américaines et anglaises et de vous signaler quelques différences qui distinguent votre système du nôtre.

Le caractère le plus distinctif de notre système, le trait qui, plus qu'aucun autre le différencie du vôtre, c'est probablement la variété et l'abondance extraordinaires du droit américain.

Par suite de la forme fédérale du gouvernement, nous avons, avant tout, deux grandes divisions du droit :

1° Un droit national ou fédéral, s'appliquant à la nation tout entière, émanant de sources nationales, traitant de certain sujets spécifiques, interprété par une catégorie particulière de tribunaux et appliqué par un corps spécial de fonctionnaires ;

2° Un autre droit pour chaque Etat, coexistant avec le droit national, mais traitant d'une série différente de matières, émanant de sources différentes, interprété par une catégorie différente de tribunaux et appliqué par des pouvoirs exécutifs différents. Le droit national comprend :

a) La Constitution fédérale ;

b) Les traités avec les nations étrangères ;

c) Les lois adoptées par le Congrès ;

d) Les décrets et ordonnances rendus par le Président et les chefs du cabinet ;

e) Le droit international (la Cour suprême des Etats-Unis a déclaré que le droit international fait partie de l'ensemble du droit américain et que les tribunaux sont en conséquence tenus de s'y conformer) ;

f) Les arrêts des cours fédérales.

Le droit de chaque Etat comprend :

a) La Constitution de cet Etat ;

b) Les lois adoptées par sa législature ;

c) Les règlements dont l'ensemble est connu sous le nom d' « Equity » (équité) ;

d) Le droit créé par les juges eux-mêmes, c'est-à-dire un corps de jurisprudence composé de précédents, créés et développés par les tribunaux dans l'exercice de leurs fonctions d'interprètes de la Loi.

Il y a, en outre, une catégorie de droit local émanant des pouvoirs municipaux et autres autorités locales.

On voit ainsi que les Américains vivent sous un double régime de droit, dont chaque partie se divise à son tour en une variété de formes et d'espèces.

Naturellement, un tel régime prête un peu à la confusion pour un Européen accoutumé à un droit uniforme et il se demande comment un avocat ou un juge peut jamais se familiariser avec un droit aussi divers et aussi touffu et comment ces lois peuvent être appliquées sans provoquer dans la pratique, un grand nombre de conflits entre ces deux catégories de droit.

L'abondance des lois qui régissent le citoyen américain dépasse encore leur variété et leur diversité. Dans aucun autre pays peut-être, l'ensemble des lois n'atteint des proportions aussi considérables. Notre congrès se réunit chaque année et la plupart des corps législatifs des Etats de l'Union s'assemblent tous les deux ans : un véritable fleuve de législation s'écoule de chacune de ces assemblées, car les Américains ont un goût de légiférer (« législative habit ») qui touche à la passion. En une année, le Congrès peut adopter 500 ou 1.000 lois et la production totale des législatures des États-Unis en comprend plusieurs milliers.

A ce point de vue, nos habitudes forment un contraste frappant avec celles de l'Angleterre, où la procédure du Parlement (qui, comme on peut le remarquer, est le seul corps législatif du Royaume-Uni) dépasse rarement une centaine de lois. L'abondance extraordinaire des lois américaines est encore augmentée par l'habitude que nous avons d'essayer d'englober dans nos lois de nombreux détails qui relèvent, en Angleterre, des décisions du Conseil et, en France, des décrets promulgués par le Président de la République ou les ministres. Les Américains ont peur de laisser trop de latitude aux pouvoirs administratifs. Au lieu de ne comprendre dans les lois que des principes généraux, en laissant aux pouvoirs administratifs le soin de fixer les détails et de régler les matières subsidiaires par le moyen de règlements, ils entreprennent de formuler et d'exprimer dans le cadre de la loi l'intention complète du législateur. Cela a pour résultat, non seulement de multiplier le nombre des lois, mais aussi de les étendre de telle sorte qu'un simple acte législatif peut quelquefois remplir une centaine de pages de texte.

Une autre explication de l'abondance exagérée de notre législation, réside dans le système américain de législation « locale » et « spéciale ». En outre des lois de portée générale qui s'appliquent à toutes personnes et à toutes choses, dans le pays entier, le droit de chaque Etat embrasse une quantité considérable d'actes législatifs qui s'appliquent à des localités particulières (villes de toute importance, comtés, bourgs et villages), ou qui concernent des classes ou des individus particuliers. Il n'est pas rare de constater que l'œuvre législative d'un Etat consiste, pour les trois quarts, en lois de cette espèce. Cette pratique a été développée jusqu'à causer de graves abus. Dans ces dernières années, des essais couronnés de succès dans une large mesure ont été tentés pour refréner ces excès au moyen de restrictions constitutionnelles interdisant aux législatures de passer des lois locales ou spéciales sur de nombreuses matières, ou le leur permettant seulement au cas où la matière visée ne peut être réglementée par une loi générale. Ces efforts ont eu pour résultat de diminuer l'abondance des lois de cette nature dans les Etats qui ont adopté de semblables restrictions constitutionnelles. — Ils ont également tendu à simplifier le droit et à lui donner un caractère plus scientifique.

En raison du régime fédéral, dans lequel chaque Etat a sa propre Assemblée législative, il y a nécessairement dans l'Union tout entière une très grande diversité de lois. C'est ainsi que nous avons 48 lois ou systèmes juridiques concernant le mariage, le divorce, les contrats, le mandat, les assurances, les chemins de fer et même l'industrie et les affaires dans leur ensemble, tandis qu'en France, vous avez, sur ces différentes matières, un droit unique et uniforme. Comme je le disais dans une conférence précédente, cette diversité de droit constitue l'un des défauts du régime fédéral — défaut dont les inconvénients se font de plus en plus évidents avec la complexité croissante de notre vie économique et sociale. — Néanmoins, pour grande qu'elle soit, cette diversité du droit est bien loin d'être aussi grave que vous pourriez le supposer, et cela pour deux raisons. En premier lieu, les divergences des lois des divers Etats sont, dans une très large mesure, des divergences de détails. En ce qui concerne les principes plus fondamentaux du droit, il y a une ressemblance remarquable entre la législation des divers États, surtout de ceux qui, en raison de leur histoire, de leur situation géographique et de la similitude de leurs conditions économiques et sociales, constituent des régions ou des divisions bien distinctes. Ainsi les Etats du centre et du Nord-Ouest ont, dans une large mesure, modelé leur législation sur celle de New-York ou de la Nouvelle-Angleterre. — De même, les Etats du Sud ont suivi dans une mesure considérable la législation de la Virginie. Deux ou trois courants de droit nés dans l'Est de sources communes se sont ainsi écoulés dans la direction de l'Ouest ou du Sud, et bien que le droit ainsi entrainé dans l'Ouest ou dans le Sud ne soit, en aucune façon, identique à celui des Etats d'où il a été tiré, on peut toutefois constater une ressemblance quant aux principes essentiels.

De même enfin, le groupe des Etats du Far-West — situés sur la côte du Pacifique, ou non loin de là — a suivi, en matière de législation, des lignes générales communes si bien qu'il y a, dans cette région, beaucoup moins de diversité que vous pourriez le supposer.

En second lieu, dans tous les Etats (sauf en Lousiane) le droit particulier recouvre le grand système du droit commun (common-law) qui est dans un certain sens la base du système juridique américain. Le droit commun a été expressément modifié sur certains points par des actes législatifs, mais dans l'ensemble, il demeure intact et constitue ainsi un fonds commun d'où le droit américain tire un caractère d'uniformité dont, sans doute, peu d'Européens soupçonnent l'étendue. Ainsi, en ce qui concerne la procédure judiciaire, les biens, les successions, les contrats, etc., le droit est essentiellement le même dans toute l'Union, parce qu'il a pour principes fondamentaux les règles du Droit commun hérité de l'Angleterre.

Enfin, comme je l'indiquais dans une conférence précédente, un grand pas vers l'uniformité du droit a été fait en certaines matières grâce à l'œuvre excellente des commissions de législation uniforme (« Commissions on uniform legislation »), chaque État possédant une commission de cette nature. Dans leurs conférences nationales annuelles, ces commissions ont élaboré et formulé des projets de lois sur divers sujets qui nécessitent d'une façon particulièrement urgente une réglementation uniforme. Elles ont réussi à amener les législatures de tous les Etats à adopter quelques-uns de ces projets ; dans d'autres cas, les législatures ont, en grande majorité, adopté d'autres lois proposées par les commissions. Nous sommes ainsi en voie d'obtenir peu à peu l'uniformité de législation pour des matières importantes dont la réglementation uniforme est nécessitée par l'intérêt général du pays tout entier.

Considéré à la fois au point de vue de ses sources et de son caractère, le droit américain peut encore se diviser en :

1° — Lois ;

2° — Droit commun ;

3° — Equité.

Dans l'ensemble, les lois, c'est-à-dire les décisions prises, dans les formes déterminées, par les corps législatifs, composent de beaucoup la plus grande partie du droit américain. Mais la partie fondamentale du droit, du moins en ce qui concerne le droit des Etats, est formée par le droit commun. — A proprement parler, il n'y a pas de droit commun fédéral, parce que le Congrès (le corps législatif fédéral), au contraire des législatures d'Etat, est un pouvoir dont les attributions sont déléguées et énumérées. Ses attributions législatives étant, de par la Constitution du pays, limitées à certains sujets spécifiés, il ne peut y avoir de lois nationales en dehors de celles que le Congrès a formellement adoptées sur ces sujets spéciaux. Quand nous parlons du droit commun, nous songeons donc seulement au droit des Etats.

Je dois signaler que le terme « common law » (droit commun) est employé en Amérique dans plusieurs acceptions. En premier lieu, on l'emploie dans un sens général pour opposer notre système juridique à ce que vous appelez en Europe « le droit civil ». D'autre part, on l'emploie fréquemment pour désigner l'ensemble de notre droit jurisprudentiel par opposition au droit statutaire. En troisième lieu, ce terme désigne tout le droit jurisprudentiel ou promulgué, par opposition à l'ensemble des règles juridiques connu sous le nom d' « equity ». A proprement parler, le deuxième sens est le plus exact ; c'est-à-dire que le droit commun se compose d'un ensemble important de règles, coutumes et usages ayant force de loi, règlements qui n'ont jamais été formellement adoptés sous forme de lois, mais que les tribunaux appliqueront dans les cas d'espèces qui ne tombent pas sous les dispositions des lois. C'est pourquoi le Droit commun est souvent défini par son caractère de droit coutumier non écrit, par opposition avec le droit statutaire ou droit écrit. Le terme « droit commun » n'a pas pour nous la signification que vous lui donnez. En France, quand vous parlez de droit commun, vous pensez au droit général du pays par opposition aux lois locales ou spéciales ; le droit commun français n'est donc pas comme le nôtre un droit coutumier, mais bien le droit dans son ensemble, tel qu'il s'applique dans le pays tout entier. Chez vous, c'est le droit romain qui occupe une place analogue à celle du droit commun en Amérique et en Angleterre. Quand vos juges sont appelés à décider sur des questions que le code n'a pas prévues, ils essaient de trouver dans le droit romain qui forme la base de votre système juridique, une règle ou un principe applicable à l'espèce. Le droit romain constitue ainsi pour vos juges une sorte de réservoir où ils puisent les directives que les juges américains ou anglais recherchent dans leur droit commun.

Le droit commun d'Amérique, et naturellement aussi d'Angleterre puisque c'est là son pays d'origine, est dans un certain sens, comme je l'ai dit, non écrit ; c'est-à-dire qu'on ne le trouve dans aucun texte faisant autorité, mais plutôt dans les décisions des tribunaux. Considéré à ce point de vue, le droit commun est *lex scripta*, parce que les sources où nous puisons la connaissance que nous en avons sont, en fait, des documents écrits ou imprimés.

J'ai aussi décrit le droit commun comme étant un droit jurisprudentiel. Ceci n'est vrai toutefois que dans un sens restreint. La question de savoir si les juges peuvent créer du droit est encore controversée à la fois en Angleterre et en Amérique. D'une part, on soutient qu'ils créent du droit chaque fois qu'ils énoncent dans leurs arrêts des règles ou des principes nouveaux; d'autre part, on affirme qu'ils ne font que découvrir et appliquer des règles de droit déjà existantes. Peu importe l'opinion que nous adoptons, le fait est que, lorsque les juges par leurs décisions établissent des précédents que les tribunaux suivront dans l'avenir, ils créent bien du droit, quoiqu'ils ne le créent naturellement pas de la même façon que les assemblées législatives. La différence est donc plutôt une différence de procédé.

C'est par les arrêts des tribunaux que nous sont connus les usages et les coutumes dont l'ensemble constitue le droit commun. Les recueils de ces arrêts sont par conséquent le monument du droit commun. En Angleterre, on a rédigé des procès-verbaux des arrêts des tribunaux depuis l'époque du roi Edouard Ier et en Amérique on les a recueillis de la même façon dès le début de l'organisation du pays. Aujourd'hui, les arrêts des tribunaux fédéraux et des tribunaux d'Etat de dernier ressort, parfois même ceux des tribunaux inférieurs, font l'objet de comptes rendus et de publications officiels; la plupart sont aussi publiés par des entreprises privées dignes de crédit.

Le droit commun constitue, ainsi que je l'ai dit, un fonds de réserve, un réservoir important de droit coutumier, dont les juges s'inspirent. Il est un peu pour le juge ce qu'est le Louvre pour un artiste. Des centaines de matières importantes ne sont pas du tout prévues par les lois. Ainsi aucune loi n'oblige un homme à exécuter ses contrats ou à payer ses dettes, ni ne le rend passible de dommages-intérêts pour diffamation écrite ou orale. Ces matières et une infinité d'autres sont régies par les règles du droit commun.

Les lois supposent l'existence du droit commun; elles sont en un sens des *addenda* au droit commun et souvent elles n'auraient ni signification ni force en dehors du droit commun dont elles dépendent. Chaque fois qu'un juge américain se trouve en présence d'une espèce qui n'est prévue par aucune loi ou qui l'est seulement par une loi de sens douteux, il s'efforce de découvrir dans le droit commun la règle ou le principe qui lui est applicable. Il y a toute probabilité pour que cette question ait déjà été résolue dans un procès identique par un juge d'autrefois. Si on ne peut découvrir un arrêt de cette nature, le juge essaiera de découvrir parmi les arrêts une décision de justice sur une question *similaire* et, s'il y parvient, il se basera sur la règle de droit établie dans cet arrêt antérieur pour résoudre la question qu'on lui propose. Par conséquent, sous le régime du droit commun, les arrêts des juges font autorité pour interpréter et fixer la loi et lient par la suite les autres juges qui doivent résoudre des questions similaires; à moins que l'arrêt ne soit grossièrement et manifestement injuste, il sera suivi par le même tribunal dans des procès similaires, et aussi par d'autres tribunaux du même ordre et de la même compétence; et si l'arrêt a été rendu par le tribunal d'un autre Etat ou par un tribunal anglais, il sera d'un grand poids, bien qu'on ne lui accorde pas, dans ce cas, un caractère tout à fait obligatoire.

Quand une question juridique a été ainsi solennellement résolue, l'arrêt devient la meilleure preuve qui puisse être fournie de ce qu'exige le droit non écrit. Un tribunal américain revient rarement sur une de ses décisions antérieures, sauf le cas où l'arrêt primitif est clairement déraisonnable ou incompatible avec les principes juridiques établis. Cette doctrine est celle du *stare decisis*, principe sacro-saint de la procédure judiciaire américaine, dont on s'écarte rarement. Pour un juge américain, la force d'un arrêt antérieurement rendu réside moins dans sa raison et son bien-fondé que dans le fait d'une décision prise solennellement par le tribunal dans un procès antérieur et identique. C'est un précédent judiciaire qui a pu être appliqué longtemps, auquel on s'est longtemps soumis et il faut le respecter et le suivre comme tel, non pour sa valeur propre, mais simplement parce que la décision a été rendue ainsi. Le juge peut penser que l'arrêt antérieur était erroné mais, à moins qu'il ne s'agisse d'une injustice ou d'une illégalité grossières, il préfère s'y conformer en se fondant sur la théorie que le mal qui résulterait du rejet de cet arrêt, et par suite du bouleversement de la jurisprudence qu'il a établie, dépasserait en étendue les bienfaits du remède. L'arrêt créant un précédent une fois rendu, le barreau et le public le considèrent comme faisant jurisprudence, même si le principe juridique qu'il énonce est faux. Sur son autorité, les avocats conseillent leurs clients, le public fait des transactions commerciales et s'engage dans des liens juridiques dans la croyance qu'il s'agit d'un droit établi et qui sera appliqué comme tel. Par conséquent, abandonner la doctrine de cet arrêt, ce serait bouleverser les engagements pris sur sa foi et peut-être causer un tort considérable à de nombreuses personnes. Le point de vue américain, c'est que la *fixité* du droit a souvent plus d'importance que sa perfection. Le remède, en pareil cas, ne réside pas dans le rejet par le tribunal de la décision antérieure, mais dans la rectification de l'erreur au moyen d'un acte législatif, puisque la nouvelle règle de droit ainsi introduite n'aurait d'effet que pour l'*avenir*, tandis que si elle était énoncée par le tribunal dans l'annulation de l'arrêt antérieur, la règle nouvelle serait *rétro-*

active et bouleverserait ainsi des rapports et des droits déjà établis.

C'est là, en résumé, la doctrine anglaise et américaine des précédents judiciaires, d'après laquelle les tribunaux suivent presque servilement les principes et les règles posés dans les arrêts antérieurs.

En France et sur le continent européen, une théorie différente prévaut généralement. Chez vous, l'arrêt d'un tribunal, en dehors de sa valeur intrinsèque, n'a pas de force obligatoire près d'autres tribunaux et ne lie même pas le tribunal qui l'a précédemment rendu. Le jugement d'un tribunal créant un précédent ou posant une règle ou un principe juridique nouveau, est naturellement d'un certain poids chez vous, mais la valeur de l'arrêt réside moins dans le fait qu'il crée un précédent qui, bon ou mauvais, devra être suivi, que dans la force et la valeur du raisonnement sur lequel il se fonde.

En Angleterre et en Amérique, on peut citer l'arrêt dans un procès avec autant d'autorité qu'un texte législatif; mais chez vous, on ne s'en sert que pour attester l'opinion particulière du juge qui l'a rendu; cela peut éclairer le tribunal, mais ne saurait le lier; en tous cas, cela ne le lie pas au même degré qu'en Angleterre ou en Amérique. C'est pourquoi chez vous on s'écarte des décisions des tribunaux et même on les casse avec beaucoup plus de liberté qu'en Angleterre ou en Amérique.

Il y a une autre différence entre notre théorie et notre pratique et les vôtres : l'opinion des juristes et des commentateurs sur l'application du droit occupe, dans votre système juridique, une place beaucoup plus importante qu'en Amérique ou en Angleterre. Pour vos juges, le raisonnement d'un savant ou d'un juriste éminent peut être beaucoup plus déterminant quant à l'interprétation du droit, que l'arrêt d'un tribunal ; dans ce cas, le juge adoptera l'opinion du juriste ou du commentateur au lieu de suivre servilement le précédent créé par le tribunal. En somme, chez vous, les commentaires et les écrits des savants juristes constituent une source du droit, tandis qu'en Angleterre et en Amérique peu de commentaires sont cités comme faisant autorité. Ils peuvent être utiles et précieux aux tribunaux pour indiquer ce qui est le droit, mais en dehors de quelques traités classiques comme ceux de Coke et de Hale, l'opinion des auteurs n'est jamais considérée comme le droit et compte peu en regard des précédents judiciaires.

Naturellement, chaque système a ses mérites et ses défauts. Les partisans du système anglo-américain ou du droit commun — qui repose sur ce principe qu'un arrêt une fois rendu s'impose aux juges dans l'avenir, autrement dit que les précédents doivent être suivis en leur qualité de précédents, qu'ils paraissent au juge raisonnables ou non —, le défendent par la raison qu'il assure fixité et continuité au développement du droit puisqu'on sait qu'un principe, une fois énoncé par un tribunal, sera suivi dans l'avenir pour les procès similaires. D'un autre côté, comparé au système de droit civil du continent européen, le système de droit commun a certains désavantages. En premier lieu, c'est un système très rigide, puisque une règle une fois déterminée par le tribunal doit, en général, être suivie même quand elle ne paraît ni juste, ni raisonnable aux juges de l'avenir. Il entrave ainsi la liberté d'esprit du juge, limite l'indépendance de son jugement et l'oblige à suivre presque servilement des précédents qui n'auraient jamais dû être établis à l'origine ou qui, avec des conditions entièrement nouvelles et différentes, ont cessé d'être raisonnables. En second lieu, ce système amène l'introduction dans la loi de fictions et de distinctions illogiques : pour éviter l'application des règles dures et surannées établies par la jurisprudence, le juge créera des fictions et de subtiles distinctions afin de pouvoir dire que le procès dont il s'agit diffère de celui pour lequel la règle juridique fut posée à l'origine, alors qu'il n'en est rien. Enfin, ce système provoque une augmentation du volume et de la complexité du droit, l'alourdit et le rend moins scientifique. En raison de la grande importance qu'on y attache, les arrêts des tribunaux sont, comme je l'ai dit, devenus le grand dépôt du droit commun. En Amérique, les décisions des cours sont incorporées dans de longs jugements écrits — quelquefois, chaque membre du tribunal rédige un jugement distinct et même ceux dont les auteurs ne partagent pas l'opinion de la majorité du tribunal sont gardés et imprimés. Cette pratique est suivie et par les cours fédérales et par les tribunaux de chacun des 48 Etats. Le résultat est que le droit commun est disséminé dans quelque 10.000 volumes d'arrêts (*cases*) anglais et américains et le nombre de ces livres augmente chaque année et pourra atteindre 20.000 avant cinquante ans d'ici. Dans ces conditions, le fardeau d'une telle masse de droit sera insupportable. Cela augmente énormément le travail et les frais des avocats et réduit, comme le remarque M. Beach, un avocat américain, la pratique du droit commun à des recherches dans des bibliothèques encombrées, ce qui revient à pêcher dans une eau bourbeuse dans l'espoir d'attraper çà et là des bribes de droit égarées.

Les juristes américains s'accordent à reconnaître que la situation créée par cette rapide multiplication des livres de droit menace de devenir insupportable et qu'il faudrait faire quelque chose pour ralentir ce mouvement.

En France, où les jugements sont moins nombreux et plus courts, où les recueils d'arrêt sont en nombre relativement faible et où on attache beaucoup moins d'importance qu'en Amérique et en Angleterre aux précédents judiciaires, vous ne vous heurtez pas à un semblable problème. En Amérique, on a fait plusieurs propositions tendant à restreindre à des limites plus raisonnables le flot toujours croissant de ce que nous appelons « case-law ». L'un de ces projets suggère d'exiger que les juges réduisent le nombre et la longueur des jugements, de supprimer la publication des jugements dissidents et de recueillir seulement les arrêts des cours supérieures. Un projet d'une portée plus considérable propose de codifier le droit commun, c'est-à-dire de le réduire à un texte écrit. Mais il y a toujours eu en Amérique et en Angleterre un préjugé traditionnel contre la codification, en partie, pour la raison que le droit étant en évolution continuelle la codification en arrêterait le développement et, en partie, à cause de l'immensité de la tâche que nécessiterait la codification. Des partisans éminents de la codification n'ont cependant pas manqué dans ces deux pays et le sentiment est très répandu en Amérique, que, même s'il n'est ni praticable ni souhaitable de codifier la totalité du droit, il serait cependant praticable et souhaitable de réaliser et de systématiser d'une manière scientifique les principes les plus fondamentaux du droit. Je remarquerai à ce sujet que le droit a été, en fait, codifié dans de nombreux Etats en ce qui concerne certaines matières, c'est-à-dire que nous avons débuté par une codification par tranches ou par compartiments. C'est ainsi qu'une trentaine d'Etats ont préparé et adopté des Codes de procédure civile; on a codifié aussi dans certains Etats les lois qui concernent les documents négociables, les ventes, les sociétés, etc..., et les Etats de New-York et de Californie ont même plus ou moins adopté des codes complets embrassant l'ensemble de leurs lois.

Quant à l'origine du droit commun, en Amérique, il me suffit de dire qu'il y a été apporté par les colons anglais qui s'y établirent et qui le considéraient comme leur droit d'aînesse et leur héritage. Après la Révolution, les différents Etats adoptèrent des lois déclarant que le droit commun d'Angleterre aurait force de loi dans la mesure où il serait compatible avec leurs Constitutions. A mesure que des Etats nouveaux se formèrent et entrèrent dans l'Union, ils adoptèrent le même droit commun. Seule, parmi eux, la Louisiane refusa d'accepter le droit commun, et lui préféra votre système de droit civil, qui reste encore aujourd'hui le fondement du droit dans cet Etat. Il faut toutefois remarquer que seuls ont été adoptés les principes de droit commun qui pouvaient s'appliquer aux conditions spéciales à l'Amérique, chaque Etat jugeant souverainement de ce qui s'appliquait ou non à ces conditions particulières. Il en résulte que le droit commun n'est pas exactement le même dans tous les Etats. Par exemple, les Etats de l'Ouest n'ont pas voulu adopter les dispositions du droit commun anglais touchant l'obligation des fermiers de parquer leur bétail au moyen de clôtures et réglementant l'usage de l'eau des fleuves pour l'irrigation, parce que ces dispositions ne semblaient pas applicables aux conditions spéciales qui prévalent dans cette partie du pays. Il appartient naturellement à l'Assemblée législative de chaque Etat d'abroger *in toto* ou de modifier à volonté une règle quelconque du droit commun et elles ont, en pratique, largement usé de cette latitude. Ainsi on a changé ou abrogé les anciennes règles de droit commun concernant les droits civils et politiques des femmes, et les juges refusent d'appliquer aux fleuves américains le vieux principe du droit commun anglais qui se base sur le flux et le reflux de la marée pour déterminer la compétence de la juridiction maritime. On pourrait d'ailleurs fournir bien d'autres exemples de même nature.

Comme vous le savez, l'introduction du droit romain en Angleterre a rencontré dès l'abord une vive opposition. Il s'est heurté en Amérique à une hostilité aussi forte qui persiste encore. Il a cependant exercé sur les deux pays une influence certaine. Les avis ont toujours été partagés quant à l'étendue de cette influence. Certains auteurs juridiques, comme Stubbs et Maitland, soutiennent qu'elle a été négligeable, mais l'opinion générale est que beaucoup de principes importants du droit commun ont été puisés au réservoir du droit romain. Ainsi certains des principes élémentaires du droit américain des preuves, des successions mobilières, de la capacité testamentaire, le droit commercial, le droit maritime, et bien entendu, le droit international, viennent directement du droit romain. Il y a cependant en Amérique, comme je l'ai dit, une méfiance contre le droit romain; le droit commun est encore considéré avec une sorte de superstition comme la raison à son plus haut degré (*perfection of reason*), ainsi que la formule Blackstone. Naturellement, cette méfiance est due pour beaucoup à la connaissance imparfaite du droit romain et à l'ignorance de ses qualités, de même que le préjugé des juristes de l'Europe continentale contre le droit commun est dû à ce que son application pratique ne leur est pas familière. L'éminent professeur américain John G. Gray, à propos de l'ignorance mutuelle où les juristes de chaque parti sont en ce qui regarde les mérites de l'autre système, a suggéré que l'un des plus grands services que l'on puisse rendre à l'avancement du droit, consisterait pour un jurisconsulte éminent, à exercer sa profession d'abord sous le régime du droit civil et ensuite sous le régime du droit commun, ou *vice versa*, pour donner ensuite au monde le résultat de ses expériences et les conclusions qu'il en aurait tirées.

J'arrive maintenant à la seconde division de notre double système de droit, je veux dire l'ensemble des règles et des principes qui forme ce que nous appelons « *Equity* ». Bien que nous distinguions soigneusement cet ensemble de règles et de principes de l'autre ensemble de règles que nous appelons « *Law* » (droit), c'est en réalité du *droit* aussi bien que le droit commun, puisque les tribunaux veillent à son application et à son exécution chaque fois qu'on engage devant eux des procès impliquant de l'équité. L'équité constitue une sorte d'addendum, de supplément au droit commun, et chaque fois qu'il y a conflit entre les règles du droit et celles de l'équité, ce sont ces dernières qui l'emportent. Comme le droit commun, l'équité est dans une large mesure un droit jurisprudentiel, c'est-à-dire qui s'est développé à l'aide des arrêts des cours. L'équité appartient donc à la catégorie du *lex non scripta* en ce sens que ce n'est pas un droit promulgué. Comme vous le savez, il est né en Angleterre de la coutume qu'avaient les premiers rois de transmettre à un haut fonctionnaire, le chancelier (The Keeper of the King's conscience, ou dépositaire de la conscience du roi) les pétitions que lui adressaient les personnes qui avaient des griefs ou avaient souffert des torts, mais qui ne pouvaient obtenir justice devant les tribunaux de droit. Dans le cours des temps, les règles du droit commun étaient devenues si rigides et si sévères qu'il était souvent impossible pour le plaideur d'obtenir justice devant les tribunaux ; ceux-ci ne pouvaient ou ne voulaient pas accorder les réparations demandées. Le seul recours était donc d'adresser une pétition au roi qui, d'après la théorie du droit, était la source de toute justice. Le chancelier à qui la pétition était transmise, avait le pouvoir, dans ces procès, de rendre justice sans tenir compte du droit. Dans le cours des temps, on vit se développer un nombre considérable de règles auxquelles le chancelier se conformait dans l'administration de sa justice et l'ensemble de ces règles, qui se sont développées à côté du droit commun, forment ce que, en Angleterre et en Amérique, nous appelons l'équité. Pendant longtemps, en Angleterre, l'équité et le droit ont été du domaine de catégories différentes de tribunaux ; mais, en 1873, les tribunaux d'équité furent abolis en Angleterre et depuis ce temps les droits et les remèdes basés sur l'équité ou sur le droit commun, ont été appliqués par les mêmes tribunaux, bien que suivant une procédure différente. De même, dans la plupart des Etats américains, les tribunaux d'équité ont été abolis ; dans les Etats en question et dans les cours fédérales, les procès du droit commun ou d'équité sont jugés par les mêmes tribunaux, bien que la distinction soit maintenue et qu'on les juge suivant une procédure différente (habituellement sans le secours du jury).

L'équité s'est développée, comme je l'ai dit, pour adoucir la sévérité du droit commun et fournir des remèdes inconnus à celui-ci. L'équité devait être une sorte d'antidote aux rigueurs du droit commun. Naturellement, cet ensemble de règles juridiques est très élastique et on lui a souvent reproché d'être vague et indéfini. A l'origine, le juge en équité avait un large pouvoir discrétionnaire et était libre de rendre la justice d'après sa propre conscience ; mais au cours des temps, les règles se fixèrent et se précisèrent si bien que le juge a perdu sa liberté primitive. Beaucoup de remèdes et de défenses en équité sont encore, toutefois, à la discrétion du tribunal. Mais la question de savoir si un tort a été causé, est du domaine du droit et non de l'équité; s'il a été causé un tort d'après le droit commun et que celui-ci n'ait pas prévu de sanction, c'est au juge d'équité de fournir le remède en vertu du principe établi que l'équité ne souffre pas un tort sans un remède. Toutefois, si le droit a prévu une sanction, c'est devant un tribunal de droit commun que le plaideur doit demander réparation; il ne peut avoir recours à l'équité que si le droit ne prévoit pas de remède, ou seulement un remède inadéquat.

Le principe fondamental de l'équité est qu'elle tient compte de l'intention, de la substance d'un acte plutôt que de sa forme et elle ordonne l'exécution de ce qui *doit* être fait. Elle est donc dominée par une haute conception morale.

Le principal mérite d'une cour d'équité, c'est qu'elle peut *prévenir* un tort, tandis qu'un tribunal de droit commun ne peut qu'attribuer après coup des dommages à la victime, remède qui serait dans de nombreux cas inadéquat ou sans valeur. De même, un tribunal d'équité ne peut pas seulement empêcher un homme de nuire à un autre, il peut encore lui ordonner d'accomplir un acte au bénéfice de l'autre partie. Ainsi il peut obliger l'une des parties d'un contrat à exécuter exactement les stipulations au profit de l'autre partie, tandis qu'un tribunal de droit commun ne pourrait qu'accorder des dommages-intérêts pour la violation du contrat; de même encore, s'il y a eu une erreur dans un contrat de telle sorte que son exécution doive nuire à l'autre partie, un tribunal d'équité peut ordonner l'annulation du contrat. Le tribunal d'équité peut aussi empêcher une partie de commettre un délit, par exemple de couper du bois sur la propriété de son voisin, de maintenir chez lui une incommodité nuisible à autrui, d'empiéter sur un brevet d'invention ou sur la propriété littéraire d'une autre personne; il peut empêcher un conseil municipal de s'approprier de l'argent, d'émettre des valeurs ou d'accomplir d'autres actes en violation de la loi, etc. On peut voir ainsi que les deux armes principales au service des tribunaux d'équité sont : 1° le pouvoir de commander; 2° le pouvoir d'empêcher (*injunction*) et ils peuvent punir comme un délit toute désobéissance à leurs ordres.

En France, vous n'avez rien de comparable, dans la forme, au système anglais ou américain de l'équité. Vous avez naturellement les principes de l'équité, mais ils sont incorporés dans votre Code; ils ne constituent pas une jurisprudence séparée et distincte ayant une origine et une source spéciales et appliquée par des tribunaux séparés ou par les tribunaux ordinaires suivant une procédure spéciale.

En somme, l'équité et le droit sont mêlés chez vous dans une jurisprudence unique et unifiée. Leur séparation en Angleterre et en Amérique est la conséquence d'une évolution historique particulière : c'est évidemment anormal, puisque cette concurrence des deux systèmes de droits et de sanctions ne se retrouve dans aucune autre jurisprudence; il n'est pas nécessaire de les maintenir séparées et certains juristes américains doutent que ce soit désirable. En fait, les deux courants tendent de plus en plus à se réunir, car les principes essentiels de la procédure d'équité ont été codifiés dans de nombreux Etats de l'Union. Ces courants ont longtemps coulé dans des lits séparés, mais le droit ronge graduellement les rives qui les séparaient autrefois, et un jour viendra peut-être où ils se mêleront et se fondront comme chez vous, si bien que nous aurons un système unique et unifié.

Voilà, dans les grandes lignes, ce qu'est le système juridique des Etats-Unis ainsi que quelques-unes des différences principales qui le séparent du vôtre. Avant de conclure, je désire attirer votre attention sur une différence d'un autre ordre. En France, vous avez un droit spécial, appelé droit administratif qui régit les rapports des autorités administratives entre elles et avec les particuliers, et qui est appliqué par une série de tribunaux spéciaux et distincts des tribunaux judiciaires ordinaires. En Amérique et en Angleterre, il n'y a ni droit ni tribunaux de ce genre. Dans ces deux pays, il arrive souvent, naturellement que des conflits s'élèvent entre les autorités administratives elles-mêmes, ou bien entre elles et les particuliers : ces conflits sont résolus d'après certains principes et règlements établis, mais qui ne constituent pas comme en France un droit spécial et distinct, et pour l'application desquels il n'y a rien d'analogue à vos tribunaux administratifs. Il existe sans doute certains corps semi-judiciaires, comme la commission de commerce interfédérale (Federal Interstate Commerce Commission) et d'autres organisations et commissions similaires des Etats, qui sont chargées de juger des controverses de caractère, en grande partie, administratif ; mais, en réalité, ces organisations ressemblent peu à vos tribunaux administratifs.

En Angleterre et en Amérique, le droit qui détermine les rapports des pouvoirs administratifs avec les particuliers, sont jugés par les tribunaux ordinaires. En France, c'est un principe de droit public reconnu que l'Etat est responsable et passible de dommages-intérêts envers un particulier pour un préjudice subi par celui-ci à la suite de fautes ou de négligence des pouvoirs administratifs. En Angleterre et en Amérique, au contraire, c'est un principe généralement reconnu que le fonctionnaire coupable du préjudice causé est personnellement responsable et le demandeur peut obtenir des dommages-intérêts du fonctionnaire exactement comme il les obtiendrait d'un particulier coupable à son détriment d'une contravention ou d'un délit. En somme, c'est plutôt le fonctionnaire que l'Etat qui est généralement responsable et, sauf quelques exceptions, le particulier lésé ne peut poursuivre l'Etat et obtenir des indemnités.

En Angleterre, comme en Amérique, on rencontre un préjugé répandu contre le système continental de juridiction et de droit administratifs, système qui, jusqu'ici, n'a pas fait un seul pas dans les deux pays. Le professeur Dicey, d'Oxford a, plus qu'aucun autre auteur, contribué a répandre le préjugé dont je parle et le président Lowell de l'Université Harvard a également critiqué le système, quoique sous une forme moins extrême et moins exagérée. Mr. Dicey a critiqué le système continental en se fondant sur ce qu'il donne au fonctionnaire une situation privilégiée par rapport au particulier, en le relevant de toute responsabilité personnelle quant à ses fautes, négligences ou actes délictueux et en le rendant justiciable non des tribunaux ordinaires mais de tribunaux spéciaux composés, au moins en partie, de fonctionnaires administratifs en activité, payés et révocables au gré du gouvernement et, par conséquent, soumis à son contrôle. En somme, le fonctionnaire est au-dessus du droit ordinaire du pays et soustrait à la juridiction des tribunaux ordinaires; il est soumis au « droit officiel », administré par des « corps officiels » qui sont ou pourraient être placés sous le contrôle du gouvernement; les tribunaux administratifs sont donc enclins à rendre des verdicts favorables à l'administration dans les conflits qui surgissent entre celle-ci et les particuliers.

Après une étude assez attentive de votre droit administratif et de la jurisprudence de vos tribunaux administratifs, je me suis convaincu que les critiques de M. Dicey et d'autres ne se vérifient pas en pratique. Ils ont beaucoup exagéré le contrôle que le gouvernement exerce sur les tribunaux administratifs et leur manque d'indépendance. En fait, les tribunaux administratifs français, le Conseil d'Etat en particulier, ont fait preuve, vis-à-vis du gouvernement, d'une indépendance remarquable; ils ont montré une sollicitude constante pour les intérêts des particuliers — allant même souvent plus loin que la Cour de cassation à ce point de vue; le Conseil d'Etat a bien des fois rendu des arrêts en faveur des particuliers et contre le gouvernement; il a régulièrement annulé les actes administratifs entachés d'excès de pouvoir; il a étendu et reculé les limites dans lesquelles le recours pour excès de pouvoir est autorisé, jusqu'au point de soutenir en 1907 que même les règlements émanant du chef de l'Etat sont annulables pour excès de pouvoir. Cependant, malgré l'autorité sans cesse croissante du Conseil d'Etat, et les marques constantes de son indépendance, il n'y a jamais eu, depuis l'établissement de la troisième République, d'exemple d'intervention ou de pression irrégulières du gouvernement vis-à-vis des Conseillers d'Etat. Le Conseil d'Etat est donc, en fait, aussi libre et indépendant que le sont les conseillers de la Cour de Cassation et absolument rien ne prouve que ses décisions soient influencées par la crainte qu'auraient les Conseillers d'Etat d'être relevés de leur fonction au cas où ils se prononceraient contre le gouvernement.

Le point de vue du professeur Dicey et des autres juristes qui critiquent votre système de droit et de juridiction administratifs, sous prétexte que le fonctionnaire dans l'exercice de ses devoirs administratifs est régi par des règlements spéciaux et justiciable de tribunaux différents de ceux des particuliers, qu'il est ainsi nécessairement placé au-dessus du droit du pays et occupe une situation privilégiée, ce point de vue, dis-je, n'est pas bien fondé en fait. Pour que la responsabilité et la justice soient égales pour tous, il n'est pas nécessaire que tout le monde soit soumis au même droit et justiciable des mêmes tribunaux. On trouve dans la plupart des pays des tribunaux militaires, commerciaux, industriels et autres tribunaux spéciaux chargés de la solution des conflits d'un genre particulier; mais on n'en a jamais attaqué le principe sous prétexte que les parties autorisées à soumettre leurs différends à ces tribunaux occupent par là même une position privilégiée.

Enfin, il faut remarquer que le principe anglo-américain qui rend le fonctionnaire personnellement responsable des fautes qu'il a commises dans l'exercice de ses fonctions officielles et qui, généralement parlant, ne donne au particulier lésé d'autre ressource que de poursuivre en dommages-intérêts le fonctionnaire lui-même, peut ne fournir et ne fournit souvent en fait qu'un remède inadéquat ou même pas de remède du tout. En effet, un jugement condamnant à des dommages-intérêts un fonctionnaire sans ressources, demeure inexécutable et sans valeur. La partie lésée n'a aucun recours dans ce cas, puisque l'Etat n'est pas responsable des fautes commises par ses agents, et ne peut donc être attaqué en dommages-intérêts.

Je signalerai pour conclure que, depuis ces dernières années, il y a, en Angleterre et en Amérique, une tendance croissante à juger avec plus de considération le système français de droit administratif et de juridiction administrative. Le professeur Dicey lui-même confesse, dans la dernière édition de son « Droit de la Constitution », que ses critiques antérieures étaient trop sévères et qu'il avait puisé une trop forte proportion de ses renseignements chez des auteurs anciens comme de Tocqueville et Vivien. Les juristes américains et anglais qui comprennent clairement la nature du droit administratif et de la juridiction administrative, et qui se sont tenus au courant de la jurisprudence remarquablement libérale du Conseil d'Etat, reconnaissent que votre système a, sur le nôtre, certains avantages marqués et qu'il est tout à fait digne de notre admiration.

CHAPITRE VIII

La Politique Étrangère Américaine

Si la politique étrangère américaine a été, à certains égards, différente de celle des autres nations, cela tient en partie, à la situation géographique de l'Amérique, à son éloignement de l'Europe dont elle est séparée par 3.000 milles d'océan, par les circonstances de son origine en tant que nation, par le caractère extrêmement démocratique de son gouvernement et la philosophie politique de son peuple, par le sentiment profondément enraciné que les intérêts de l'Amérique diffèrent, en un sens, de ceux de l'Europe, enfin par un certain manque d'intérêt aux affaires étrangères.

Dès l'avènement des Etats-Unis dans la famille des nations, sa politique étrangère s'est conformée à certains principes fondamentaux directeurs énoncés par les fondateurs de la République; ils ont été observés avec presque autant de respect que la Constitution elle-même; ils ont été appliqués et développés avec une constance remarquable et, jusqu'à une date toute récente, on paraissait peu disposé à s'écarter de la lettre ou de l'esprit de ces principes.

En Amérique, aucun argument en faveur de telle ou de telle politique, intérieure ou étrangère, n'a autant de poids que le fait qu'il a été préconisé par les Pères, Washington, Jefferson, Madison et autres. Cette foi en la sagesse des Pères, cet attachement révérenciel aux principes qu'ils ont énoncés et la conviction qu'ils sont applicables à toutes les périodes et conditions de notre vie nationale changeante, ont puissamment contribué à déterminer notre attitude dans beaucoup de questions de politique étrangère. Toutes les fois qu'on a proposé que les Etats-Unis renoncent à leur politique traditionnelle d'isolement et jouent dans les affaires mondiales un rôle en rapport avec leur situation actuelle de puissance mondiale, on a invoqué les opinions contraires des Pères et, jusqu'à ces derniers temps, avec succès.

Si j'essayais d'énumérer les principes fondamentaux directeurs qui ont dominé la politique étrangère des Etats-Unis dès le début de notre existence nationale et dont on s'est rarement écarté, — dont on ne s'était jamais écarté jusqu'à une date récente, je dirais qu'ils sont au nombre de trois : 1° politique de stricte neutralité lors des guerres qui se sont déchaînées en Europe ; 2° politique de non-participation aux affaires politiques et aux accords internationaux de l'Europe ; 3° interdiction à l'Europe d'intervenir dans les affaires politiques de l'Amérique du Sud aussi bien que du Nord.

La politique de neutralité, la plus ancienne des trois, a été inaugurée par notre premier Président, George Washington. En 1793, lorsque la jeune République débutait dans sa carrière d'Etat indépendant, la guerre éclata entre l'Angleterre et la France. A cette époque, nous étions liés à la

France, non seulement par des liens de gratitude pour l'aide généreuse qu'elle nous avait apportée dans la conquête de notre indépendance — service qui nous fait les débiteurs de la France jusqu'à la fin des siècles, — mais nous étions également tenus vis-à-vis d'elle par un traité d'alliance, le premier conclu par les États-Unis avec un pays étranger et le seul traité d'alliance que la République américaine ait jamais signé. D'après les termes de ce traité, les États-Unis étaient-ils obligés de venir en aide à la France dans sa guerre contre l'Angleterre? c'est un point qui fut alors controversé. Les membres du Cabinet du président Washington n'étaient pas d'accord sur cette question. Les deux principaux membres, Hamilton et Jefferson, prirent des positions différentes, comme c'était le cas le plus souvent. Hamilton prétendait que le traité ayant été conclu avec Louis XVI tombait du fait que la monarchie française avait été remplacée par la République ; Jefferson soutenait avec plus de raison et de justice, que le traité ayant été conclu avec la nation française, aucun changement de gouvernement en France n'affectait sa validité. Le président Washington lui-même sembla avoir été convaincu de la rectitude de l'argument de Jefferson en faveur de la force obligatoire du traité, mais il prétendit que le traité avait un caractère purement défensif et que l'obligation des États-Unis à venir en aide à la France ne s'appliquait que dans le cas d'une guerre dans laquelle la France serait elle-même attaquée par un ennemi. Nul plus que le président Washington qui, comme général en chef de nos armées pendant la Révolution avait combattu avec La Fayette et Rochambeau, n'avait un plus profond sentiment de gratitude envers le peuple de France pour l'aide qu'il avait fournie ; mais la crainte de la responsabilité de plonger la petite république dans les horreurs d'une guerre européenne sitôt après la conquête de son indépendance l'obsédait, et puisque, d'après le traité, nos obligations envers la France ne visaient pas l'intervention des Etats-Unis en faveur de la France dans une guerre qu'elle-même avait déclarée, il publia une proclamation de neutralité en avril 1793. D'après Mr. W. C. Hall, une des plus grandes autorités anglaises en droit international, la politique ainsi adoptée par Washington marque une date dans l'histoire du droit de neutralité. Elle représente l'attitude la plus hardie qui ait jamais été prise vis-à-vis des obligations qui incombent aux neutres et, à certains égards, elle va même plus loin que ce que les règles du droit international, telles qu'elles existent aujourd'hui, exigent des neutres.

La politique de neutralité que la jeune République adopta à cette époque fut constamment suivie pendant toutes les guerres qui eurent lieu en Europe pendant le XIXe siècle. Nos marchés furent toujours ouverts également à tous les belligérants pour l'achat du matériel de guerre, aucun embargo ne frappa jamais l'exportation des munitions ou autres fournitures de guerre ; nos concitoyens furent libres de prêter de l'argent à l'un ou à tous les belligérants sans restriction, et nos ports furent ouverts aux vaisseaux de guerre de toutes nationalités, sauf observation des restrictions imposées aux neutres par les règles du droit international.

Dans quelques-unes des guerres qui eurent lieu en Europe pendant le XIXe siècle, les sympathies du peuple américain ont été ouvertement favorables à l'un des belligérants comme, par exemple, la guerre de 1823 entre la Grèce et la Turquie ; — mais, dans tous les cas, la politique du gouvernement n'a pas été influencée par la sympathie ou par des considérations d'ordre sentimental. Toujours une neutralité stricte et impartiale a été proclamée et observée.

En 1914, lorsque la grande guerre éclata en Europe, l'Amérique se trouva dans une situation presque identique à celle que Washington et son gouvernement eurent à affronter en 1793. Le Président Wilson, suivant l'exemple de Washington en 1793, lança immédiatement une proclamation de neutralité, et, dans un message au peuple américain, il alla même jusqu'à l'engager à être aussi neutre de pensée que de conduite. Lorsqu'une Commission représentant le gouvernement belge vint aux Etats-Unis, fit visite au Président et lui fit part de la manière brutale dont les Allemands avaient envahi son territoire, brûlé ses villes et massacré son peuple, le Président, bien que profondément affecté par le récit des souffrances infligées par les Allemands, répondit par une brève allocution dans laquelle il émettait l'opinion que ceux qui avaient commis ces crimes en assumeraient les conséquences et la responsabilité. « Il serait imprudent, dit-il, il serait prématuré pour un gouvernement isolé, quelque heureusement éloigné fût-il de la lutte actuelle, il serait même incompatible avec la neutralité d'une nation qui, comme la nôtre ne prend pas part au conflit, d'avoir ou d'exprimer un jugement définitif. » Et il concluait : « Je suis sûr que vous n'attendez pas de moi que je dise autre chose. » Pas un mot de condamnation ou de protestation contre l'invasion de la Belgique.

La politique adoptée par Washington en 1793 dans des circonstances quelque peu analogues était la véritable politique à suivre en 1914. Cette attitude d'absolu silence officiel était tout à fait conforme à la politique traditionnelle de l'Amérique; le Président Wilson nourrissait l'espoir de tenir l'Amérique en dehors de la guerre européenne, comme Washington avait réussi à le faire pendant un certain temps à son époque, mais ses espérances étaient destinées à être frustrées, comme le furent finalement celles de Washington en 1793.

Dès les premiers jours de l'invasion de la Belgique, nombreux, cependant, furent les Américains, et parmi eux l'ex-président Roosevelt, qui estimèrent que non seulement la neutralité de l'Amérique en face des nombreuses et odieuses violations des conventions et coutumes internationales par les Allemands n'était pas désirable, mais qu'elle était impossible. Les Conventions de la Haye, que l'Amérique avait solennellement ratifiées et que l'Allemagne avait délibérément répudiées, étaient faites pour la protection de l'Amérique aussi bien que pour celle de la Belgique, et leur violation par l'Allemagne portait atteinte aux droits des Etats-Unis, tout comme la violation du droit criminel est considérée comme la violation du droit de chaque citoyen de l'Etat. A mesure que les violations par l'Allemagne du droit des gens et des lois de l'humanité se multipliaient, le gouvernement américain était obligé d'abandonner sa politique de silence officiel; en conséquence, il adressa au gouvernement allemand de vives protestations à l'occasion de chacune de ses violations des Conventions de la Haye, même de celles qui, comme la déportation des Belges, n'affectaient pas directement les droits particuliers des citoyens américains. De plus en plus, à mesure que le temps s'écoulait, le gouvernement américain constatait qu'il ne pouvait, dans la guerre européenne, rester indifférent à une attitude qui outrageait les sentiments d'humanité du monde entier, qui ménaçait de renverser tout le système du droit international et de ruiner les grands idéals que tous les peuples civilisés entretiennent comme une partie de leur héritage commun.

Pendant deux ans et demi, nous sommes restés en dehors de la guerre, pendant deux ans et demi notre peuple a observé la terrible tragédie qui se jouait en Europe, mais jamais avec l'indifférence et le désintéressement de simples spectateurs. Il était impossible, en effet, qu'un peuple, ayant les instincts humanitaires des Américains, pût rester indifférent devant une conduite si odieuse et qui choquait si fort leur sentiment de l'humanité; nous ne pouvions pas, ainsi que le Président nous l'avait d'abord demandé, être neutres en pensée ou en action.

Dans ces circonstances, l'Amérique abandonna sa politique traditionnelle de neutralité; elle accepta le défi de l'Allemagne; elle entra dans la guerre et contribua pour sa part à remporter la victoire commune.

Sans doute, il est tout à fait exact que le motif principal qui poussa les Américains à prendre les armes, est un motif de défense nationale, — la résolution de protéger la vie et les biens contre les agressions illégales de l'Allemagne; mais ce ne fut certes pas la seule considération qui nous a poussés; à côté de ce sentiment du devoir que tout gouvernement a envers ses propres citoyens et qu'il ne peut négliger sans manquer à l'honneur, il y avait la vision très nette du devoir plus large que l'Amérique avait envers le monde et l'humanité, — le devoir de joindre ses ressources à celles de la France et de l'Angleterre et des autres Alliés, de leur prêter sa collaboration afin de préserver notre commune civilisation, de défendre nos idéals communs, de protéger les petites et faibles nations contre les agressions brutales d'une autocratie militaire sans scrupules, de soutenir partout les revendications de la justice et du droit et de faire triompher les principes de l'humanité.

Le Président Wilson, dans son message de guerre au Congrès le reconnaissait lorsqu'il déclarait : « Notre but est de faire triompher les principes de paix et de justice dans la vie du monde contre les puissances égoïstes et autocratiques et de faire naître dans le monde, parmi les peuples réellement libres et se gouvernant eux-mêmes, une unité de but et d'action qui assurera désormais le respect de ces principes. » Il disait encore, dans le même message : « Nous devons lutter pour la paix définitive du monde et pour la libération de ses peuples, y compris le peuple allemand ; pour le droit des nations, grandes et petites, et le privilège de tous les hommes de choisir leur manière de vivre et leur obéissance. Il faut rendre le monde sûr pour la démocratie. »

Bref, nous sommes entrés dans la guerre, non seulement pour défendre nos propres droits, mais pour soutenir les droits de l'humanité et défendre la liberté, la justice et la démocratie dans le monde. Pour beaucoup d'Américains, ces considérations étaient en elles-mêmes, en dehors des agressions allemandes contre les droits spécifiques de nos citoyens, une justification suffisante de notre décision d'entrer dans la guerre. En tant que notre intervention fut déterminée par ce sentiment, elle marque un abandon de notre politique traditionnelle de neutralité à l'égard des guerres européennes. Et il est peu probable que les Etats-Unis restent jamais neutres dans une guerre européenne qui mettrait en jeu de grandes questions de droit, de justice et d'humanité. Le Président lui-même fit justement remarquer que « la neutralité n'est plus possible ni désirable lorsque la paix du monde et la liberté de ses peuples sont menacées, et la menace de cette paix et de cette liberté réside dans l'existence de gouvernements autocratiques appuyés par une force organisée uniquement dirigée par leur volonté, non par la volonté de leurs peuples. Nous avons fini d'être neutres dans ces conditions ».

J'en arrive maintenant à la seconde des politiques traditionnelles que l'Amérique a observées dans ses relations avec les nations d'Europe, à savoir la politique de non-intervention dans leurs affaires politiques et de non-participation aux accords politiques européens qui n'affectent pas directement les intérêts des Etats-Unis.

Ici, comme pour la politique de neutralité, les opinions émises par les pères de la République ont largement déterminé l'attitude de l'Amérique. Washington, dans son message d'adieu au peuple américain, lancé après qu'il eut quitté la présidence, disait : « La grande règle de conduite que nous devons observer vis-à-vis des nations étrangères, c'est, tout en étendant nos relations commerciales, d'avoir avec elles aussi peu de rapports politiques que possible. » Pensant, sans doute, au traité d'alliance avec la France, il ajoutait : « Quant aux engagements que nous avons déjà contractés, remplissons-les en parfaite bonne foi. Mais tenons-nous-en là ». « L'Europe, continuait-il, a un certain nombre d'intérêts primordiaux qui n'ont aucun rapport ou qu'un rapport très éloigné avec nous. Elle se trouve fréquemment engagée dans des controverses, dont les causes sont essentiellement étrangères à nos intérêts. C'est pourquoi il serait imprudent de nous mêler par des liens artificiels aux vicissitudes courantes de sa politique ou aux combinaisons et collisions ordinaires de ses amitiés et de ses inimitiés. » Et plus loin : « Notre éloignement et notre isolement nous invitent à observer une attitude différente et nous permettent de le faire. « Pourquoi donc perdrions-nous les avantages d'une situation si particulière en prenant position sur le terrain étranger et en mêlant nos destinées à celles de l'Europe? Il concluait : « Notre véritable politique est de nous tenir soigneusement à l'écart de toute alliance permanente avec une partie quelconque du monde étranger. »

Jefferson, dont les conseils ont été tenus en une vénération presque aussi grande, disait : « Notre maxime principale et fondamentale doit être de ne jamais nous mêler aux querelles de l'Europe. » « Paix, commerce et amitié loyale avec toutes les nations, d'intimes alliances avec aucune » (*entangling alliances with none*). Ces avertissements de deux de nos premiers hommes d'Etat les plus vénérés ont été comme des paroles de sagesse venues d'en haut. Au cours de notre histoire, elles ont été citées, admirées et invoquées toutes les fois qu'on a proposé que l'Amérique abandonne sa vieille politique d'isolement et de neutralité. Pourtant on peut mettre en doute que Washington ou Jefferson aient jamais eu l'intention de poser le principe que les Etats-Unis s'abstiennent, d'une manière permanente, de prendre part aux accords internationaux destinés à assurer le bonheur de la communauté des nations ou d'exercer leur juste influence dans des affaires qui intéressent la paix et le bon ordre du monde. En réalité, les avertissements de Washington concernaient uniquement les alliances *permanentes*, et ceux de Jefferson ne visaient que celles qui mêlent étroitement les deux parties. Aucun d'eux n'avait en vue des conventions relatives à une coopération pour le triomphe d'intérêts communs à l'ensemble des Etats, mais plutôt des alliances de l'ancien type fréquent au XVIIIe siècle, qui obligeaient une partie à venir à l'aide de l'autre en cas de guerre, que les questions en jeu affectent ou non les intérêts de la première. Bref, ils nous mettaient en garde contre les alliances militaires et les pactes dynastiques qui auraient entraîné la République dans des guerres étrangères et l'auraient mêlée à des complications politiques européennes auxquelles l'Amérique n'avait aucun intérêt. Et, à ce point de vue, c'étaient de sages conseils. L'isolement de l'Amérique et son éloignement même de l'Europe, sans parler de ses intérêts nettement distincts, étaient des raisons suffisantes pour qu'elle ne prît pas part aux difficultés politiques et aux complications de l'ancien Monde. Agir autrement, c'eût été faire courir un danger à l'indépendance même et à l'existence de la jeune République, sans espoir d'être payé d'une compensation.

Mais les conseils et les avertissements des pères de la République, si prudents et si sages quand on leur donne le sens que leur attachaient leurs auteurs et envisagés à la lumière des conditions qui prévalaient à l'époque où ils ont été énoncés, étaient couramment interprétés comme signifiant que l'Amérique devait observer une politique d'isolement, qu'elle ne devait établir avec les nations européennes que des relations purement commerciales, qu'elle ne devait prendre part avec elles à aucun accord ou s'associer à aucune entreprise commune pour le succès d'une politique commune ou d'entreprises dans l'intérêt général du monde, qu'elle ne devait faire partie d'aucun congrès ou conférence européens tenus en vue de partages territoriaux ou d'arrangements politiques. Bref, en ce qui concerne toutes les questions europénnes, nationales ou internationales, l'Amérique devait rester spectatrice indifférente ; elle devait, pour ainsi dire, se retirer dans sa coquille et vivre en dehors du reste du monde. Lorsque son devoir lui commandait d'agir, elle devait agir seule, et jamais de concert avec les autres puissances.

Pendant longtemps, cette théorie de nos devoirs et de nos intérêts a été strictement mise en pratique. L'Amérique refusa de s'associer au gouvernement britannique dans une déclaration commune contre les desseins menaçants de la Sainte Alliance dans l'Amérique du Sud, mais elle alla de l'avant et lança elle-même une déclaration proclamant ce que l'on appelle communément la « doctrine de Monroe ». Et, à partir de cette époque, l'Amérique s'est constamment refusée à inviter aucune autre nation, soit européenne soit américaine, à s'associer à elle pour faire respecter cette politique de non-tolérance d'une intervention européenne dans les affaires américaines. Pendant les récents débats au Sénat sur le Covenant de la Ligue des Nations, on a affirmé à nouveau et avec force que l'Amérique avait exclusivement le le droit et le devoir de faire respecter la doctrine de Monroe et qu'aucune autre nation, pas même celles qui sont aujourd'hui aussi intéressées que nous au respect de cette politique, ne serait autorisée à s'associer à nous pour la faire observer.

Si fort était le préjugé traditionnel contre notre coopération avec les nations européennes à cette époque et ensuite pendant tout le cours du XIXe siècle, que le gouvernement américain refusa même d'accepter les invitations de gouvernements européens de se joindre aux autres puissances désintéressées pour offrir leurs bons offices comme médiatrices afin de prévenir une déclaration de guerre ou d'amener la fin de guerres déjà commencées. Toutes les fois qu'une invitation à nous joindre aux médiateurs nous a été adressée, elle a été respectueusement déclinée : les Etats-Unis, disions-nous, seraient heureux d'employer seuls leurs bons offices pour amener, si possible, la cessation des hostilités, mais la politique traditionnelle du pays ne leur permet pas d'agir de concert avec d'autres nations en ces matières.

Pour la même raison, le gouvernement américain a pendant longtemps refusé, comme je l'ai dit, de participer aux conférences et congrès internationaux européens. La Conférence de Berlin, en 1884, appelée à étudier, entre autres questions, le statut du bassin du Congo, a été le premier des Congrès européens auxquels l'Amérique a été représentée. Les délégués américains qui assistèrent à la Conférence avaient pour instructions de prendre part aux délibérations, mais de ne rien faire qui engagerait ou lierait de quelque manière les Etats-Unis relativement à la disposition des territoires africains. Ils signèrent l'acte adopté par la Conférence, mais le Président Cleveland refusa de le soumettre au Sénat à fin de ratification, sous prétexte que les questions qu'il traitait n'intéressaient pas les Etats-Unis et que les obligations qu'il imposait au gouvernement américain étaient incompatibles avec notre politique traditionnelle. En 1890, des représentants américains furent envoyés à la Conférence de Bruxelles réunie pour examiner la question du commerce des esclaves dans certaines régions de l'Afrique. Ils signèrent le traité général pour la suppression du commerce des esclaves en Afrique et la restriction de la vente des armes à feu, des munitions et des boissons alcooliques dans certaines régions de l'Afrique ; mais le Sénat, en ratifiant le traité, ajouta une réserve et affirma à nouveau la vieille politique américaine de la non-participation aux affaires européennes. Cette réserve déclarait que, étant donné que les Etats-Unis n'avaient ni possessions ni intérêts en Afrique, ils renonçaient à toute intention de manifester quelque intérêt dans les possessions des puissances européennes dans ce pays ou d'exprimer leur approbation quant à la sagesse, l'opportunité ou la légalité de ces possessions.

Les Etats-Unis furent également représentés aux deux conférences de la paix à la Haye de 1899 et de 1907 ; toutefois, il convient de remarquer que quelques Américains éprouvaient des doutes et des craintes quant à la sagesse de notre participation à cette Conférence, si ancré était le vieux préjugé contre la participation américaine aux conférences internationales, même quand leur but déclaré avait un caractère purement humanitaire ou poursuivait le développement du droit des gens pour lequel les Américains ont toujours manifesté un vif intérêt. Bien que les conventions adoptées par la Conférence ne traitassent que des questions d'intérêt général pour le monde, et non pas des questions de politique intérieure, les plénipotentiaires américains ne pouvaient s'empêcher d'inscrire sur les procès-verbaux une déclaration destinée à dissiper toute méprise sur le fait qu'en participant à la Conférence, l'Amérique abandonnait sa politique traditionnelle. En conséquence, ils firent suivre leur signature d'une réserve expresse ainsi conçue : « Rien de ce qui est contenu dans cette convention ne sera interprété comme obligeant les Etats-Unis d'Amérique à abandonner leur politique traditionnelle de non-immixtion, de non-intervention, de non-ingérence dans les questions politiques ou dans la politique, ou dans l'administration intérieure d'un Etat étranger ; ni rien de ce qui est contenu dans la dite convention ne sera interprété comme un renoncement par les Etats-Unis d'Amérique à leur attitude traditionnelle envers les questions purement américaines. » La première clause était une affirmation de la vieille politique d'isolement ; la seconde, une assertion de la vitalité de la doctrine de Monroe.

A certains égards, la participation américaine à la Conférence marocaine à Algésiras en 1906, constitue le premier cas de l'abandon par l'Amérique de sa politique de non-participation aux conférences internationales traitant de questions territoriales et politiques. Les Etats-Unis n'avaient pas le moindre intérêt politique au Maroc et leurs intérêts commerciaux étaient minces en vérité. L'acte du Président Roosevelt dépêchant des représentants à la Conférence souleva des critiques en Amérique et il s'éleva au Sénat un vif débat à l'occasion d'une résolution demandant au Président de communiquer au Sénat la copie des instructions données par lui aux plénipotentiaires américains. Toutefois, l'opposition que rencontra le Président avait un caractère nettement politique et avait pour objet de le mettre dans l'embarras, tout comme la plus récente opposition au Sénat contre la politique du Président Wilson relative au traité de Versailles. Le Président Roosevelt triompha; des délégués furent envoyés à la Conférence, les instructions qu'il leur avaient données ne furent jamais communiquées au Sénat, et ils prirent une part active à la Conférence où ils contribuèrent à aplanir un certain nombre des difficultés qui surgirent au cours des délibérations. Toutefois, les délégués américains signèrent le traité avec la réserve que, étant donné que les Etats-Unis n'avaient pas d'intérêts politiques au Maroc, ils n'assumaient aucune obligation ni responsabilité pour l'exécution du traité. Cette réserve ne satisfit pas le Sénat et, en consentant à sa ratification finale, il ajouta une résolution dans laquelle il affirmait que les Etats-Unis avaient participé à la Conférence dans le seul but de préserver et d'augmenter leur commerce au Maroc, de protéger la vie et les biens de leurs citoyens y résidant et de contribuer à supprimer les frictions et les difficultés qui semblaient menacer la paix des puissances signataires. La résolution affirmait, en outre, que les Etats-Unis n'avaient pas l'intention de renoncer à la politique étrangère américaine traditionnelle qui leur interdit de participer au règlement de questions politiques qui appartiennent exclusivement au domaine européen. Cette affirmation, comme celles qui l'ont précédée, a été faite pour faire preuve d'esprit de suite et pour sauver les apparences; c'était une tentative faite pour réconcilier une tradition vénérée à un état de choses auquel la tradition ne se conformait pas. Le fait est que la participation à la Conférence d'Algésiras impliquait un abandon de la pratique traditionnelle américaine, et la résolution déclaratoire du Sénat le démentant ne change pas la réalité.

Voilà, en résumé, quelle a été notre politique traditionnelle d'isolement jusqu'à l'époque où la guerre mondiale a éclaté. Elle prit naissance presque en même temps que la République et, pendant longtemps, elle a été fidèlement observée. Elle ne reposait pas tant sur le désir de se soustraire ou d'échapper aux responsabilités ou aux devoirs internationaux que sur un instinct de défense et d'intérêt national. La plupart des nations de l'Europe étaient des monarchies; quelques-unes étaient liées entre elles par des alliances ou des relations dynastiques; leurs intérêts politiques et leurs ambitions différaient de ceux de l'Amérique et elles étaient fréquemment engagées dans des guerres pour des questions qui n'intéressaient pas l'Amérique. L'Amérique éprouvait une certaine méfiance naturelle pour toutes les monarchies sans distinction, et surtout une crainte profonde et enracinée que si l'Amérique était mêlée à leurs complications politiques, l'indépendance qu'elle avait conquise ou les institutions nettement républicaines qu'elle avait établies seraient en danger. Dans ces circonstances, la politique d'isolement semblait prudente et naturelle; au point de vue de l'intérêt et de la défense personnels, elle semblait nécessaire.

Mais avec le temps, les conditions dans lesquelles cette politique était née changèrent, de sorte que cette politique d'isolement ne correspondait plus à la situation actuelle. L'Amérique cessa d'occuper une «situation isolée et distante ». Les nouveaux et rapides moyens de transport et de communication auxquels la vapeur, l'électricité, le câble télégraphique et la télégraphie sans fil donnèrent naissance, renversèrent les anciennes barrières et firent de l'Amérique une proche voisine de l'Europe. L'expansion du commerce américain, la nécessité de marchés nouveaux, l'avènement de l'Amérique comme puissance financière, le développement des relations commerciales, financières, universitaires et sociales avec l'Europe, tout cela accentua l'interdépendance de l'Ancien et du Nouveau Monde. L'Amérique ne pouvait plus regarder avec l'indifférence d'un simple spectateur les grands événements d'Europe qui menaçaient la paix, la tranquillité et l'ordre économique du monde. De plus en plus, l'ancienne politique américaine d'isolement devint une impossibilité. A mesure que le temps s'écoulait, les véritables intérêts de l'Amérique commencèrent à souffrir de cette politique. En outre, il devint évident qu'elle négligeait ses devoirs et ses responsabilités en tant que membre important de la famille des nations. Elle essayait de jouir des avantages de grande puissance, sans assumer les responsabilités et remplir les devoirs qui nécessairement incombent aux grands et puissants Etats.

En outre, cette politique d'isolement, de non-participation aux affaires internationales a empêché les Etats-Unis de faire aboutir certaines des grandes réformes internationales que le peuple américain, en tant que nation, a toujours préconisées. Je crois que l'on peut dire à juste titre que les Américains sont une race aimant la paix ; ils ont préconisé et pratiqué l'arbitrage international sur une grande échelle, ils ont soutenu la thèse du désarmement, ils ont été au premier rang des champions du droit des neutres, ils ont professé une foi ardente en un système de droit international et ont souhaité le voir perfectionné et renforcé; mais il est évident que ces idéals et d'autres encore ne peuvent être réalisés par des Etats agissant isolément. Ils ne peuvent être accomplis que par un concert de puissances, grâce à une coopération et à des efforts communs. Mais le vieux préjugé contre une action commune avec d'autres puissances et la crainte des difficultés internationales ont été un obstacle qui a empêché les Etats-Unis d'exercer effectivement l'influence à laquelle ils avaient droit et de faire aboutir, comme il convenait, ces réformes et d'autres du même genre.

Lorsque les Etats-Unis entrèrent dans la Grande Guerre en 1917, beaucoup d'entre nous espéraient et croyaient que notre vieille politique traditionnelle de désintéressement et de non-coopération avait reçu le coup de la mort et que dorénavant les Etats-Unis joueraient, dans les affaires internationales, un rôle en rapport avec leur situation de puissance mondiale. Nous sentions que nos responsabilités ne se bornaient pas à l'écrasement de l'Allemagne et à la signature de l'armistice, mais qu'il était du devoir de l'Amérique de participer à la réorganisation du monde et d'établir la paix que nous avions aidé à gagner, sur des bases permanentes et solides. L'attitude du Sénat américain rejetant le traité de paix avec l'Allemagne, et avec lui le *Covenant* de la Ligue des Nations, a déjoué nos espérances ; mais j'aime à croire que ce n'est que temporairement. Les détails de cette circonstance malheureuse vous sont sans doute familiers et je n'ai pas besoin de vous les décrire par le menu.

J'en arrive maintenant à examiner, en dernier lieu, une vieille politique étrangère à laquelle les Etats-Unis sont très attachés, une politique étroitement liée à celle de l'isolement politique et qui s'identifie à elle dans l'esprit populaire. Je veux parler de ce que l'on a appelé la « doctrine de Monroe ».

C'est, en deux mots, la non-tolérance par les Etats-Unis de l'intervention européenne dans les affaires politiques de l'Amérique, du Sud comme du Nord. Pour beaucoup d'Américains, cette politique est un corollaire de la politique de la non-participation de l'Amérique aux affaires européennes. C'est ainsi que Jefferson semble l'avoir considérée. Dans sa lettre que j'ai déjà citée, après avoir déclaré que notre maxime principale et fondamentale devait être de ne jamais intervenir dans les querelles européennes, il ajoutait : « Notre seconde maxime, c'est de ne jamais tolérer que l'Europe se mêle des affaires cisatlantiques. L'Amérique du Nord et du Sud a une série d'intérêts distincts de ceux d'Europe et qui lui sont particuliers. C'est pourquoi elle doit avoir son système propre, séparé et distinct de celui de l'Europe. » Cette opinion sur le devoir de l'Amérique fut officiellement émise pour la première fois par le Président Monroe dans un message au Congrès le 2 décembre 1823, bien que, en fait, elle ait été énoncée par des hommes d'Etat américains à une date beaucoup plus ancienne. Les circonstances dans lesquelles la déclaration de Monroe fut faite vous sont sans doute connues.

Le bruit courait que la Sainte-Alliance se proposait d'intervenir par la force dans les affaires sud-américaines, dans le but de rendre à l'Espagne ses colonies qui avaient réussi à s'émanciper de la mère patrie. Le gouvernement des Etats-Unis avait déjà formellement reconnu leur indépendance et il avait noué des relations diplomatiques avec leurs divers gouvernements. Lorsque les projets de la Sainte-Alliance furent connus en Europe, Mr. Canning, le secrétaire d'Etat aux affaires étrangères britanniques, — l'Angleterre n'approuvant pas cette politique, — proposa au ministre américain à Londres, Richard Rush, que les Etats-Unis et l'Angleterre fassent conjointement une déclaration repoussant l'intervention proposée par la Sainte-Alliance dans l'Amérique du Sud. Mais le gouvernement américain ne voyait pas d'un œil favorable cette proposition de déclaration conjointement avec le gouvernement britannique; aussi, le Président Monroe agit-il de sa propre initiative et envoya-t-il seul la déclaration. La déclaration contenait deux passages qui, rapprochés l'un de l'autre, constituent ce que l'on appelle la « doctrine de Monroe ». Le premier passage affirmait que « les continents américains, par la situation libre et indépendante qu'ils ont conquise et maintiennent, ne doivent plus dorénavant être considérés par les puissances européennes comme des champs de colonisation future ». Dans le second passage, le président Monroe déclarait que les Etats-Unis « considéreraient de la part de la Sainte-Alliance toute tentative d'extension de son système à une partie quelconque de l'hémisphère américain comme dangereuse pour notre paix et pour notre sécurité et que les Etats-Unis ne pourraient considérer son intervention en vue d'oppresser ou de diriger les destinées d'un Etat américain quelconque que comme la manifestation de dispositions peu amicales vis-à-vis des Etats-Unis ». En substance, le message était une déclaration contre l'établissement en Amérique de nouvelles colonies européennes et contre l'intervention des puissances européennes dans les affaires politiques du nouveau monde.

Le message fit une impression profonde aux Etats-Unis. C'était une déclaration d'indépendance pour toutes les Amériques; elle reçut l'approbation des hommes d'Etat et du peuple de l'Amérique du Sud aussi bien que du Nord et elle devint rapidement un principe fondamental de la politique étrangère américaine, principe qui a été vénéré et révéré presque à l'égal d'un fétiche par toutes les générations qui se sont succédé. La déclaration reposait en partie sur un sentiment de sympathie pour les nouvelles républiques sud-américaines qui étaient, en un sens, nos voisines; elles avaient, comme nous-mêmes, récemment conquis leur indépendance par la Révolution et imité l'exemple de l'Amérique du Nord en établissant, dans la forme du moins, des systèmes de gouvernement républicains. Mais ce qui est encore plus important, la déclaration était justifiée par les Etats-Unis par des motifs de légitime défense. Toute tentative par les Alliés européens d'extension de leurs dominions en Amérique et d'établissement de leurs systèmes monarchiques dans le nouveau monde, constituait un danger pour la paix et la sécurité des Etats-Unis. Bien que ce danger, s'il a jamais existé, ait probablement disparu depuis longtemps, c'est encore sur ce terrain que l'on défend la doctrine de Monroe.

Telle fut, à l'origine, la politique connue sous le nom de doctrine de Monroe. Elle fut lancée tout d'abord à l'occasion d'une circonstance particulière et pour faire face à une situation spéciale. Dans la forme où elle fut déclarée par le président dont elle porte le nom, elle était sage et raisonnable; elle se défendait pour des motifs de sécurité nationale pour les Etats-Unis et dans l'intérêt de la protection des Républiques de l'Amérique latine contre une agression européenne possible. Sous cette forme, elle fut acclamée, accueillie avec enthousiasme par les hommes d'Etat et le peuple de l'Amérique latine dans l'intérêt desquels elle avait été surtout énoncée et, même en Europe, elle rencontra peu d'opposition. La politique que Monroe avait inaugurée a, toutefois, été complètement transformée par des extensions, des interprétations et des applications à des situations nouvelles et différentes; et si son éminent auteur vivait encore, il ne la reconnaîtrait pas aujourd'hui sous le nom qu'elle porte. En 1848, le président Polk en fit une application nouvelle et plus large en posant le principe que la doctrine de Monroe interdisait le transfert volontaire d'un Etat de l'Amérique latine à une puissance européenne. Le président Cléveland alla même plus loin et prétendit qu'au cas de litige de frontières entre une puissance européenne ayant des colonies en Amérique et un Etat de l'Amérique latine, les Etats-Unis devraient être l'arbitre virtuel de cette contestation. C'est à l'occasion d'une dispute entre la Grande-Bretagne et le Venezuela concernant la frontière entre ce dernier et la colonie britannique voisine, la Guyane, que le Président Cleveland fit cette déclaration. Il soutint qu'il n'y avait pas de différence entre la prise de possession directe d'un territoire américain par une puissance européenne, comme acte de conquête, et la prise de possession indirecte sous prétexte de controverse à propos des frontières. Dans les deux cas, il y aurait extension d'un dominion européen dans l'hémisphère occidental, et le danger pour les Etats-Unis serait aussi grand dans un cas que dans l'autre. En conséquence, dans un message au Congrès, il lança un défi à la Grande-Bretagne, demanda que le litige soit soumis à un arbitrage et menaça l'Empire britannique de lui déclarer la guerre au cas où son gouvernement n'accepterait pas la proposition américaine. Heureusement, le gouvernement britannique céda; il est probable que la situation menaçante en Afrique du Sud hâta sa décision. La querelle fut réglée par un arbitrage et on épargna au monde ce qui eût été une des guerres les plus regrettables et les moins excusables des temps modernes.

L'attitude adoptée par le Président Cleveland était une extension extraordinaire de la doctrine de Monroe; c'était, en réalité, une politique nouvelle et on pourrait plus justement l'appeler « la doctrine de Cleveland ». Elle rencontra très probablement l'approbation de la grande majorité du peuple américain, mais beaucoup d'Américains de sang-froid sentirent que c'était pousser une ancienne politique historique bien au delà de son domaine ou de sa portée originelle.

Le Président Cleveland défendit son attitude en prétendant qu'elle était essentielle à la sécurité nationale des Etats-Unis, à la préservation de ses libres institutions et au maintien de notre forme distinctive de gouvernement. Mais lorsqu'on se rappelle que la Grande-Bretagne, alors comme aujourd'hui, était déjà une puissance nord-américaine, que, alors comme aujourd'hui, elle était voisine des États-Unis, séparés d'elle au nord par une frontière mal limitée longue de quatre mille kilomètres et que, malgré sa proximité géographique des États-Unis, les deux pays avaient vécu en paix pendant plus de cent ans, il n'est pas facile à un esprit non prévenu de voir comment la prise de possession par la Grande-Bretagne de quelques milliers de kilomètres carrés d'un territoire contesté dans les régions lointaines de l'Amérique du Sud, même si elle n'y avait pas droit, aurait menacé la paix, la sécurité ou l'existence des institutions républicaines des Etats-Unis.

Par conséquent, en tant que la doctrine de Monroe repose sur des considérations de légitime défense et de protection nationale de la part des Etats-Unis, il n'est pas facile de la défendre ou de la justifier dans la forme qui lui a été récemment donnée.

En 1912, une résolution du Sénat donna à la « doctrine » une nouvelle extension. Le bruit courait qu'une société, japonaise cherchait à acquérir un port sur la côte pacifique du Mexique (Magdalena Baie). La résolution adoptée par le Sénat déclarait que «le gouvernement des Etats-Unis verrait avec « un profond déplaisir » l'acquisition, par une association ou société étrangère, d'un port sur les continents américains, lorsque ce port était situé de telle sorte que son occupation, pour des besoins militaires ou navals, menacerait les communications ou la sécurité des Etats-Unis ». Jusque-là, la doctrine de Monroe avait été dirigée contre les agressions possibles des États européens ; on l'appliquait maintenant aux sociétés et à celles d'origine asiatique. Bref, ce devait être une politique pour le Pacifique comme pour l'Océan Atlantique.

L'année suivante, le président Wilson lui donna une extension plus grande encore. Un syndicat britannique avait acquis du gouvernement de la Colombie une concession pour exploiter les ressources en pétrole de ce pays, pour construire des ports, creuser des canaux, etc. Le Président, dans un discours prononcé à Mobile, Alabama, le 27 octobre 1913, saisit cette occasion pour critiquer la politique des gouvernements de l'Amérique latine qui accordent des concessions de cette nature à des capitalistes étrangers, sous prétexte qu'elle expose les pays qui les concèdent au danger de voir leurs affaires intérieures dominées par des intérêts étrangers. En raison de cette attitude du président Wilson, Lord Cowdray, le président du syndicat anglais auquel la concession avait été accordée, se retira de la Colombie et abandonna ses projets d'exploitation des champs pétrolifères du pays. Il est difficile de voir comment l'opposition du Président des Etats-Unis peut se défendre. Ce n'est ni un corollaire ni une application de la doctrine de Monroe, et elle ne se justifie pas pour des motifs de protection ou de sécurité des Etats-Unis.

Quelques Etats sud-américains ont jugé nécessaire, pour développer leurs ressources, d'attirer les placements et les capitaux étrangers en offrant de libérales concessions, tout comme un grand nombre de cités américaines dans leur période de développement l'ont fait autrefois. Si cette interprétation de la doctrine Monroe était maintenue et si l'on faisait pression sur les Etats de l'Amérique latine pour les empêcher d'encourager les placements étrangers de la manière que je viens de dire, cela aurait pour effet de retarder le développement économique de quelques-uns d'entre eux. De plus, cette politique créera certainement des soupçons et des malentendus chez les peuples de l'Amérique latine et fera naître la croyance, pour aussi peu fondée qu'elle soit en réalité, que le but des Etats-Unis est de réserver les pays sud-américains à l'exploitation commerciale de leurs propres capitalistes.

Le Président Roosevelt avait adopté une interprétation plus juste, plus logique, plus raisonnable de la doctrine de Monroe. Il estimait qu'elle impliquait de la part des Etats-Unis des devoirs et des responsabilités en même temps que des droits et des privilèges. Si, disait-il, les Etats-Unis ne veulent pas tolérer l'intervention des puissances européennes dans l'Amérique latine pour le recouvrement des dettes, dûment contractées ou pour la réparation de dommages subis par leurs citoyens à raison de la mauvaise gestion ou de la négligence des gouvernements sud-américains, il n'est que juste et légitime que les Etats-Unis endossent la responsabilité du recouvrement de ces dettes et de la réparation de ces dommages. En d'autres termes, il ne faut pas faire de la doctrine de Monroe un manteau pour protéger la mauvaise gestion des gouvernements sud-américains. Lorsque, en 1902, trois puissances européennes établirent le blocus des côtes du

Venezuela, saisirent les bâtiments de la douane et séquestrèrent les recettes pour payer les dettes dues à leurs sujets par le gouvernement du Venezuela, le Président Roosevelt n'éleva aucune objection et déclara que tant que les mesures des puissances ne prendraient pas la forme d'une prise de territoire ou de l'exercice d'une direction politique permanente, elles ne seraient pas considérées comme contraires à la doctrine de Monroe. A ce propos, je ferai remarquer que, aux États-Unis, on n'a jamais interprété la doctrine de Monroe comme interdisant à une puissance européenne de faire la guerre à un Etat sud-américain. La Grande-Bretagne, la France et l'Espagne ont fait la guerre au Mexique; l'Espagne fit la guerre au Chili et au Pérou, et la Grande-Bretagne attaqua le Nicaragua sans que le gouvernement des États-Unis élevât la moindre objection. Bref, la doctrine de Monroe ne protège pas les Etats sud-américains contre le châtiment de leur mauvaise conduite et leur refus de remplir leurs obligations internationales. Pourtant, le Président Roosevelt n'était pas indifférent aux difficultés, pour ne pas dire aux dangers, qui pouvaient naître d'une occupation prolongée, par une puissance européenne, d'un État de l'Amérique latine, à l'effet de recouvrer des dettes et de réparer des dommages. Lorsque la petite République nègre de Saint-Domingue, en faillite, fut menacée d'une occupation de ce genre à raison de son incapacité de payer sa dette étrangère, le président Roosevelt soutint que c'était le devoir des Etats-Unis, d'après la doctrine de Monroe, de se charger de l'administration de ses finances, de percevoir des recettes et de les appliquer au paiement de sa dette étrangère. Conformément à cette opinion, le Président conclut un accord avec le gouvernement dominicain en vertu duquel les finances de la République ont depuis lors été administrées par les Etats-

Unis et ses revenus consacrés au paiement de ses dettes. L'expérience a montré que c'était une heureuse solution de l'affaire, et que cette manière de faire devrait être appliquée sur une plus grande échelle si les Etats-Unis ne veulent pas permettre aux puissances étrangères de réparer les torts et les dommages causés à leurs sujets.

Telles sont quelques-unes des plus importantes interprétations et applications de ce que l'on appelle la doctrine de Monroe. Presque chaque Président des Etats-Unis l'a interprétée selon ses notions propres et elle a été successivement appliquée à une variété de situations nouvelles tout à fait différentes de celle en vue de laquelle elle avait été proclamée à l'origine. Certaines de ces applications ont amené une telle extension du principe original qu'elles dépassent de beaucoup le domaine et la portée de la politique primitivement annoncée.

Quelques-unes des plus récentes extensions de la politique de Monroe ont naturellement soulevé l'opposition des pays-mêmes dans l'intérêt et pour la protection desquels elle avait d'abord été proclamée. En 1905, le Président Roosevelt assurait au peuple de l'Amérique latine que « dans aucun cas les Etats-Unis n'emploieraient la doctrine de Monroe pour masquer une agression territoriale », et en 1913 le Président Wilson, dans un discours sur les relations de l'Amérique latine disait : « Je tiens à affirmer que les Etats-Unis ne chercheront jamais plus à s'emparer d'un seul pouce de territoire par la conquête ». Ces assurances reflètent incontestablement le sentiment véritable du peuple américain ; mais lorsque des politiciens les font suivre immédiatement d'affirmations malencontreuses et extravagantes, le peuple de l'Amérique latine ne sait naturellement pas quel est celui qui exprime le fond de la pensée du peuple de l'Amérique du

Nord. Le peuple de l'Amérique latine est aussi plus ou moins hanté par les souvenirs du passé; il ne peut oublier que les Etats-Unis prirent au Mexique, par voie de conquête, une grande partie de son territoire ; qu'ils enlevèrent Porto-Rico et les Philippines à l'Espagne; que le Président Roosevelt refusa de permettre à la Colombie de prendre des mesures pour recouvrer la province de Panama qui s'était séparée et de laquelle les Etats-Unis désiraient obtenir une concession pour la construction du canal isthmique; qu'ils ont établi un protectorat sur Cuba et diverses petites républiques de l'Amérique centrale; que récemment une armée américaine est entrée au Mexique, malgré la protestation du président mexicain, etc. Avec ces faits présents à la mémoire, le peuple de l'Amérique du Sud ne peut s'empêcher d'éprouver une certaine méfiance et de douter que les motifs des Etats-Unis soient tout à fait désintéressés. Et pourtant, il n'y a aucun fondement légitime à sa méfiance et à ses soupçons, mais ce sentiment existe néanmoins et il est assez naturel qu'il en soit ainsi. Je ne crois pas qu'il y ait un Américain sur mille qui désire que les Etats-Unis prennent un pouce de territoire sud-américain par voie de conquête ou que les États-Unis interviennent dans les affaires de l'Amérique latine ou dirigent ses destinées d'une manière quelconque. Il n'y a pas de tendance impérialiste aux États-Unis; nous avons pris les îles Philippines avec la plus grande répugnance et poussés uniquement par le sentiment du devoir; nous avons dépensé beaucoup d'argent pour leur développement et nous nous retirerons dès qu'elles pourront marcher seules. Nous sommes intervenus à Cuba en 1906 à la requête du président cubain pour aider à rétablir l'ordre et dès que notre tâche a été accomplie, nous nous sommes retirés. Nous avons établi des protectorats sur quelques-unes des petites républiques de l'Amérique centrale avec leur consentement et dans leur intérêt. Notre armée a franchi la frontière du Mexique en 1916 à la poursuite de bandits mexicains qui avaient envahi les Etats-Unis, brûlé leurs villes et massacré leurs citoyens et que le gouvernement mexicain se refusait à châtier. Je suis tout prêt à reconnaître que notre conduite n'a pas toujours été au-dessus de tout reproche; toutefois, à l'exception peut-être de la guerre contre le Mexique en 1846-48 et de l'attitude du Président Roosevelt envers la Colombie en 1903, notre politique a toujours reposé sur le respect absolu des droits et des intérêts du peuple de l'Amérique latine. Je répète que l'Amérique latine n'a absolument rien à redouter des États-Unis tant qu'elle se conduira elle-même en Etat civilisé et respectera toutes ses obligations internationales; tout au contraire, notre seul désir est de lui faciliter la voie du progrès et de l'aider à faire régner l'ordre et des gouvernements stables dans ses Etats.

Naturellement, les peuples des Etats les plus grands et les plus civilisés de l'Amérique du Sud, tels que l'Argentine, le Brésil et le Chili, ressentent quelque peu ce qu'ils considèrent comme une attitude protectrice de la part de la république de l'Amérique du Nord à leur égard.

Ils déplorent aussi de n'avoir pas été conviés à se joindre aux Etats-Unis et à partager avec eux la responsabilité de faire respecter la doctrine de Monroe. Ils sont tout aussi intéressés à faire régner l'ordre dans l'Amérique latine que le sont les Etats-Unis; ils ont autant d'intérêt qu'eux à préserver l'hémisphère occidental contre une agression européenne; à raison de leur dimension, de leur population, de leurs ressources et de leur civilisation, ces Etats se sont élevés au rang de grande puissance, ce qui a été récemment reconnu par les Etats-Unis qui ont porté leur représentant diplomatique dans ces pays, au rang d'ambassadeur. Pourquoi donc les États-Unis seuls revendiqueraient-ils le rôle de tuteur et de fidéicommissaire pour ceux des Etats de l'Amérique latine qui en ont encore besoin ? Bref, pourquoi ne pas faire de la doctrine de Monroe une politique panaméricaine, dans laquelle les grandes puissances de l'Amérique du Sud auraient leur part de responsabilité, au lieu d'en faire exclusivement une politique de l'Amérique du Nord ?

Il n'est pas douteux qu'une pareille modification de la doctrine de Monroe ferait disparaître une des principales sources d'irritation, de méfiance, de suspicion qui existe aujourd'hui dans l'Amérique du Sud. En même temps, elle allégerait considérablement la charge des Etats-Unis en faisant peser une part de la responsabilité qu'ils ont jusqu'ici supportée seuls sur les épaules des grandes puissances de l'Amérique du Sud. On a souvent remarqué que la doctrine de Monroe n'est forte qu'en raison de la marine américaine, et l'un des principaux arguments des Etats-Unis en faveur d'une puissante marine, c'est leur obligation de faire respecter la doctrine de Monroe. Cette nécessité serait beaucoup moindre si les grandes puissances de l'Amérique du Sud étaient invitées et autorisées à coopérer avec les Etats-Unis à la faire respecter. Il est également vrai qu'il n'y a plus de raison d'appliquer la doctrine de Monroe aux grandes puissances de l'Amérique du Sud. Elles sont aujourd'hui capables de prendre soin d'elles-mêmes. Dans ces conditions, pourquoi ne pas limiter la doctrine à l'Amérique centrale et à la région caraïbe où elle est seulement nécessaire, et l'abandonner pour la partie de l'Amérique latine au sud de l'Equateur? Nombreux sont ceux aux Etats-Unis qui aujourd'hui préconisent cette modification. Si elle était adoptée elle concourrait largement à supprimer les sources d'irritation et de méfiance qui existent dans l'Amérique du Sud. Des changements de ce genre contribueraient matériellement à l'avènement de cette politique « panaméricaine » dont nous entendons tellement parler en Amérique et au succès de laquelle travaillent tous les hommes d'Etat éminents des diverses républiques américaines.

C'est pourquoi je suis convaincu que le moment est venu de faire subir à la doctrine de Monroe une modification dans le sens que j'ai indiqué. Son interprétation actuelle dépasse de beaucoup l'intention première et le but initial, et sous l'apparence d'un cri de ralliement, les Etats-Unis exercent virtuellement, sans le vouloir, une sorte de tutelle sur les républiques sœurs de l'Amérique latine. En conséquence, ainsi que je l'ai montré, elle a soulevé l'opposition d'un grand nombre de ceux en faveur desquels elle a été proclamée à l'origine. Le danger particulier auquel elle devait parer a disparu depuis longtemps. Depuis longtemps, l'Amérique n'a plus à redouter une aggression européenne. La Sainte-Alliance a vécu. Les Etats de l'Europe sont, en fait, des démocraties; aucun d'eux n'a probablement envie d'étendre ses possessions jusqu'à l'Amérique et leur présence séculaire sur le continent américain n'a jamais en réalité menacé l'indépendance ou les institutions des Etats-Unis.

Dans ces conditions, la doctrine de Monroe a largement rempli son rôle et son abandon par les Etats-Unis aurait, sans doute, peu d'effet à l'avenir sur l'histoire et la destinée des républiques américaines.

Mais il n'est pas vraisemblable qu'elle soit jamais abandonnée complètement, même si les raisons qui militent en sa faveur disparaissaient entièrement. C'est une de ces traditions sacro-saintes qui persistent longtemps après que les raisons sur lesquelles elles reposent ont disparu. C'est presque un fétiche pour les Américains; son nom même a un effet magique. Il ne manque pas d'Américains qui sont prêts à lutter et à mourir pour elle sans la connaître; elle est proclamée à l'envie dans les programmes électoraux de tous les partis politiques; elle a été énoncée maintes et maintes fois avec vigueur et énergie par tous nos Présidents; c'est presque un sacrilège de la critiquer; tout candidat à une fonction publique qui l'attaquerait, n'obtiendrait aucun suffrage. Elle occupe une place dans le cœur du peuple américain presque aussi grande que la Constitution elle-même, et la vénération qu'on lui porte est si enracinée, si constante, si immuable, que seul un Américain peut en comprendre la profondeur et la signification.

BIBLIOGRAPHIE

Baldwin (S. A.). — *The American Judiciary*, New-York.

Beard (C. A.). — *American Government and Politics*, New-York, 1920.

Bryce (J.). — *The American Commonwealth* (2 vol.), New-York, 1910, (Il existe une édition française).

Burgess (J. W.). — *Political Science and Constitutional Law* (2 vol.), New-York, 1890.

Bradford (E. A.). — *Commission Government in American Cities*, New-York, 1911.

Dealey (J. Q.). — *Our State Constitutions*, New-York, 1907.

Cooley (T. M.). — *Principles of Constitutional Law*, New-York.

— *Constitutional Limitations*, New-York, 1890.

Fairlie (J. A.). — *Municipal Administration*, New-York, 1901.

— *National Administration of the United States*, New-York, 1905.

— *Local Government in the United States*, New-York, 1906.

Ford (H. J.). — *Rise and Growth of American Politics*, New-York, 1898.

Gray (J. C.). — *Nature and Sources of Law*, New-York.

Goodnow (F. J.). — *City Government in the United States*, New-York, 1904.

— *Municipal Problems*, New-York.

— *Principles of Administrative Law*, New-York, 1905. (Il existe une édition française).

Hart (A. B.). — *Actual Government in the United States*, New-York.

— *The Monroe Doctrine*, New-York.

Holcombe (J. H.). — *American State Government*, New-York.

Kimball. — *American Federal Government*, New-York, 1920.

Latané (J. H.). — *American Foreign Policy*, New-York.

— *The United States as a World Power*, New-York, 1920.

Lowell (A. L.). — *Public Opinion and Popular Government*, New-York, 1913.

Macy (J.). — *Party Organization and Machinery*, New-York, 1904.

Mathews (J. M.). — *State Administration in the United States*, New-York.

Merriam (C. E.). — *Primary Elections*, New-York, 1908.

— *American Political Theory*, New-York.

Mc Clain (E.). — *Constitutional Law of the United States*, New-York, 1907.

Moore (J. B.). — *Principles of American Foreign Policy*, New-York.

Munro (W. B.). — *Government of the United States*, New-York.

— *American City Government*, New-York.

— *American Municipal Administration*, New-York.

Ostrogorski. — *Democracy and the Organization of Political Parties* (2 vol.), New-York, 1902.

Ray (P. N.). — *Introduction to Practical Politics and Political Parties*, New-York, 1913.

Reinsch (P. S.). — *American Legislatures and Legislative Methods*, New-York, 1907.

Rowe (L. S.). — *Problems of City Government*, New-York, 1908.

Stanwood (E. A.). — *History of the Presidency*, Boston, 1898-1908.

Willoughby (W. F.). — *Territories and Dependencies of the United States*, New-York, 1905.

Willoughby (W. W.). — *Constitutional Law of the United States* (2 vol.), New-York, 1910.

— *The American Constitutional System*, New-York, 1904.

Wilson (Woodrow). — *Congressional Government*, New-York. (Il existe une édition française).

— *Constitutional Government*, New-York, 1908.

Woodburn (J. A.). — *The American Republic*, New-York, 1903.

— *Political Parties and Party Problems in the United States*, New-York.

Young (J. P.). — *The New American Government*, New-York, 1918.

REVUES

The American Political Science Review, Urbana, Illinois.

The Annals of the American Academy of Political and Social Science, Philadelphie.

The American Municipal Review, Philadelphie.

The Political Science Quarterly, New-York.

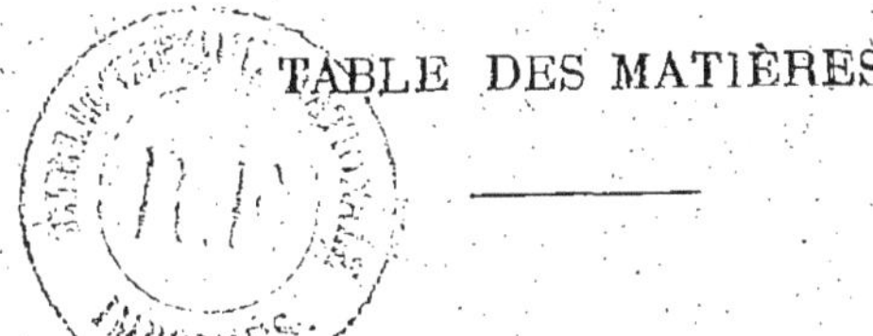

TABLE DES MATIÈRES

BIBLIOTHÈQUE INTERNATIONALE DE DROIT PUBLIC

(*honorée d'une souscription du ministère de l'Instruction publique*)

Fondée par M. BOUCARD et G. JÈZE

Publiée sous la direction de Gaston JÈZE

SÉRIE IN-8°

BRYCE (J.). — La République américaine, préface de E. Chavegrin. 2e édition *revue et augmentée*, 5 vol. in-8°. Tome I : Le Gouvernement national ; Tome II : Le Gouvernement des États ; Tome III : Le système des partis. L'Opinion publique ; Tome IV et V : Les institutions sociales. 1912-1913, 5 vol. in-8°, brochés . . . 60 fr. »

LABAND (P.). — Le Droit public de l'Empire allemand, édition française, préface de F. Larnaude. Trad. de Gandilhon, Lacuire, Vulliod, Jadot et Bouyssy. 1900-1904, 6 vol. in-8°, brochés . . . 60 fr. »

DICEY (A.-V.). — Introduction à l'étude du droit constitutionnel, préface de A. Ribot. Traduction A. Batut et G. Jèze, 1902. 1 vol. in-8°, broché . . . Épuisé

WILSON (W.). — L'État, éléments d'histoire et de pratique politique, avec une préface de L. Duguit. Trad. de J. Wilhelm, 1902, 2 vol. in-8° brochés . . . 20 fr. »

HAMILTON (A.), J. JAY et J. MADISON. — Le Fédéraliste, nouvelle édition française, par G. Jèze, avec une préface de A. Esmein, 1902, 1 vol. in-8° broché . . . 14 fr. »

KORKOUNOV (N.-H.). — Cours de théorie générale du droit. Trad. française de J. Tchernoff, 2e édition contenant la réforme constitutionnelle de la Russie, 1914, 1 vol. in-8°, broché . . . 12 fr. »

KOVALEWSKY (M.). — Les institutions politiques de la Russie, trad. française par M. Derocquigny, 1903, 1 vol. in-8°, broché . . . 7 fr. 50

ANSON (Sir R.). — Loi et pratique constitutionnelle de l'Angleterre. Trad. Gandilhon, 1903-1905, 2 vol. in-8° :

Tome I : *Le Parlement*, 1903, 1 vol. in-8°, broché . . . 10 fr. »

Tome II : *La Couronne*, 1905, 1 vol. in-8°, broché . . . 10 fr. »

MAYER (Otto). — Le droit administratif allemand, édition française par l'auteur 1903-1906, 4 vol. in-8° . . . 32 fr.

NITTI (G.-S.). — Principes de science des finances, avec une préface de A. Wahl. Trad. de J. Chamard, 1904, 1 vol. in-8°, broché . . . (*Épuisé*)

CURTI (Th.). — Le referendum, histoire de la législation populaire en Suisse. Trad. J. Ronjat, 1905, 1 vol. in-8°, broché . . . 10 fr.

DICEY (A.-V.). — Leçons sur les rapports entre le droit et l'opinion publique en Angleterre au cours du XIXe siècle. Préface de A. Ribot. Trad. de Alb. et G. Jèze, 1906, 1 vol. in-8°, broché . . . 12 fr.

MOREAU (F.) et DELPECH (J.). — Les Règlements des Assemblées législatives, préface de Ch. Benoist, 1906-1907, 2 vol. in-8°, brochés . . . 30 fr. »

GOODNOW (F.-G.). — Les principes du Droit administratif des États-Unis. Trad. A. et G. Jèze, 1907, 1 vol. in-8° broché . . . (*Épuisé*)

STUBBS (W.). — Histoire constitutionnelle de l'Angleterre, avec introduction, notes et études de Ch. Petit-Dutaillis. 2 vol. in-8°. Trad. par G. Lefebvre.

Tome I. 1907, 1 vol. in-8°, broché . . . 10 fr. »

Tome II. 1913, 1 vol. in-8°, broché . . . 16 fr.

ERRERA (P.). — Traité de droit public belge, 2e édition, refondue et mise à jour 1914, 1 fort vol. in-8°, broché . . . 12 fr. 50

NERINCX (Alf.). — L'organisation judiciaire aux États-Unis, 1909, 1 vol. in-8°, broché . . . 10 fr.

MAY (Erskine). — Traité des lois, privilèges, procédures et usages du Parlement, 1909, 2 vol. in-8°, brochés . . . 25 fr. »

LOWELL (A.-L.). — Le Gouvernement de l'Angleterre. Trad. de A. Nerincx, 2 vol. in-8° :

Tome I. 1910, 1 vol. in-8°, broché . . . 15 fr. »

Tome II. 1910, 1 vol. in-8°, broché . . . 15 fr. »

REDLICH (J.). — Le Gouvernement local en Angleterre. Trad. Oudhe. 1911, 2 vol. in-8° :

Tome I. 1911, 1 vol. in-8°, broché . . . 12 fr. »

Tome II. 1911, 1 vol. in-8°, broché . . . 12 fr. »

JELLINEK (G.). — L'État moderne et son droit. Trad. Fardis, 1911-1913, 2 vol. in-8° :

Tome I. *Doctrine générale*, 1911, 1 vol. in-8°, broché . . . 12 fr. »

Tome II. *Théorie juridique*, 1913, 1 vol. in-8°, broché . . . 12 fr. »

ASHLEY (G.). — Le pouvoir central et les pouvoirs locaux (Angleterre, France, Prusse, États-Unis), trad. L. Martin, 1 vol. in-8° . . . 25 fr. »

SÉRIE IN-18

TODD (A.). — Le Gouvernement parlementaire en Angleterre. Traduit sur l'édition anglaise de Spencer Walpole, avec une préface de Casimir Périer. 1900, 2 vol. in-18, brochés . . . 12 fr. »

WILSON (W.). — Le gouvernement congressionnel, avec une préface de Henri Wallon, 1900, 1 vol. in-18°, broché . . . 5 fr. »

JENKS (Edw.). — Esquisse du Gouvernement local en Angleterre. Trad. J. Wilhelm, préface de H. Berthélemy. 1902. 1 vol. in-18°, broché . . . 5 fr. »

DICKINSON (G.-L.). — Le développement du Parlement pendant le XIXe siècle. Trad. et préface de M. Deslandres, 1906. 1 vol. in-18°, broché . . . 5 fr. »

OPPENHEIMER (F.). — L'État, ses origines, son évolution et son avenir. Trad. de l'allemand par M. W. Horn. 1913, 1 vol. in-18°, broché . . . 4 fr.

BORDEAUX. — Imprimerie J. BIÈRE, 18-20-22, rue du Peugue.

www.ingramcontent.com/pod-product-compliance
Ingram Content Group UK Ltd.
Pitfield, Milton Keynes, MK11 3LW, UK
UKHW022051260726
13993UKWH00001B/49